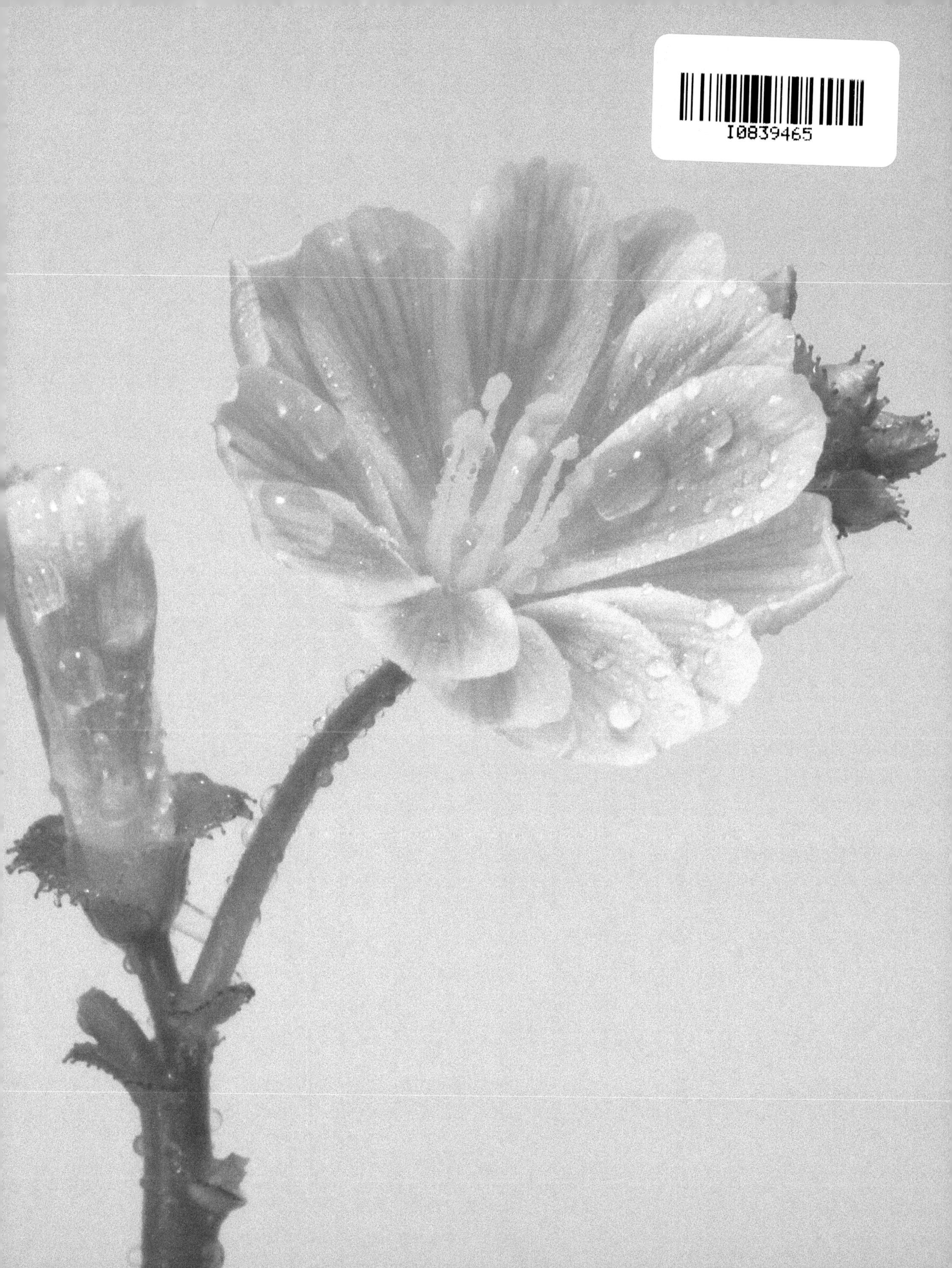
I0839465

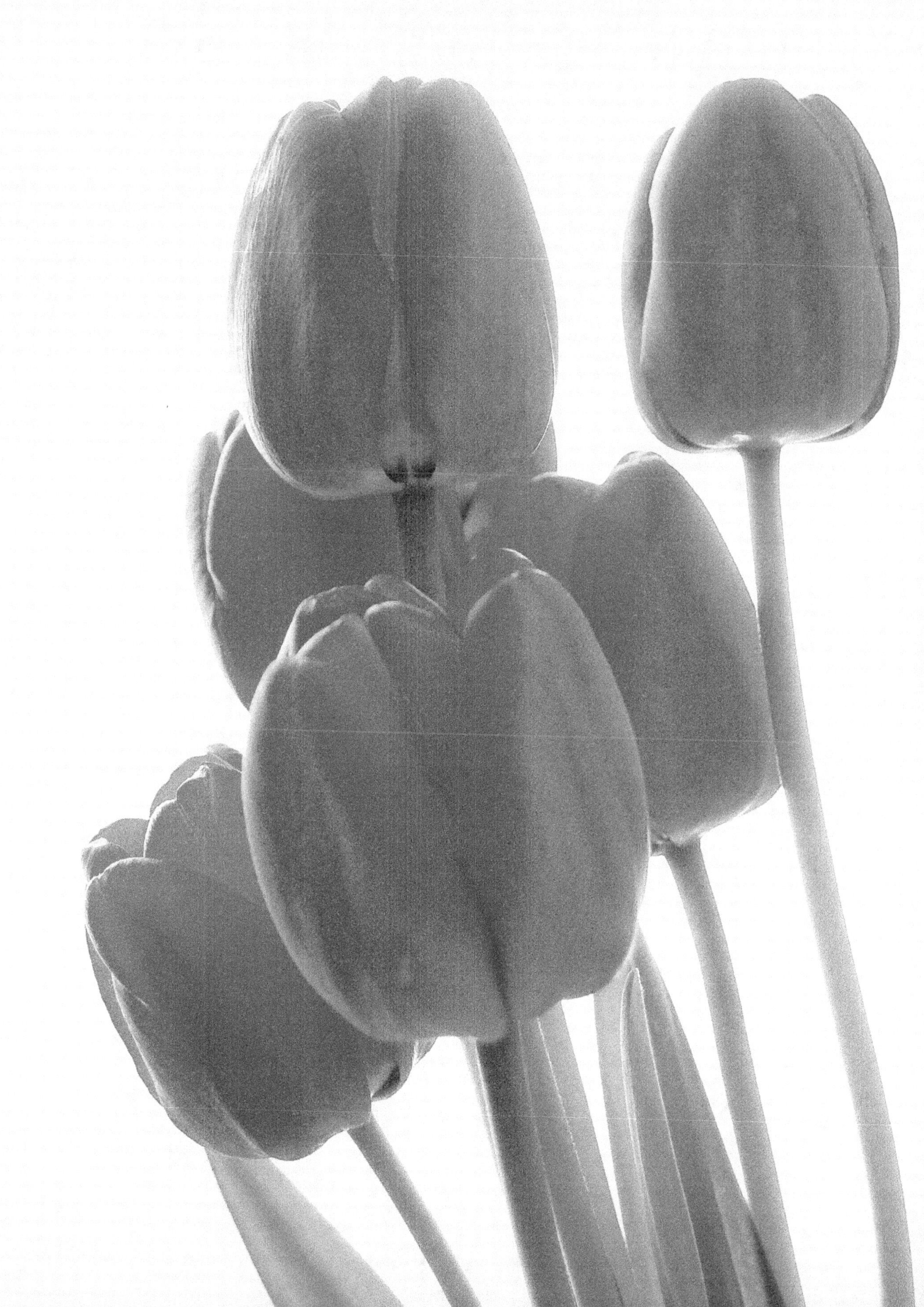

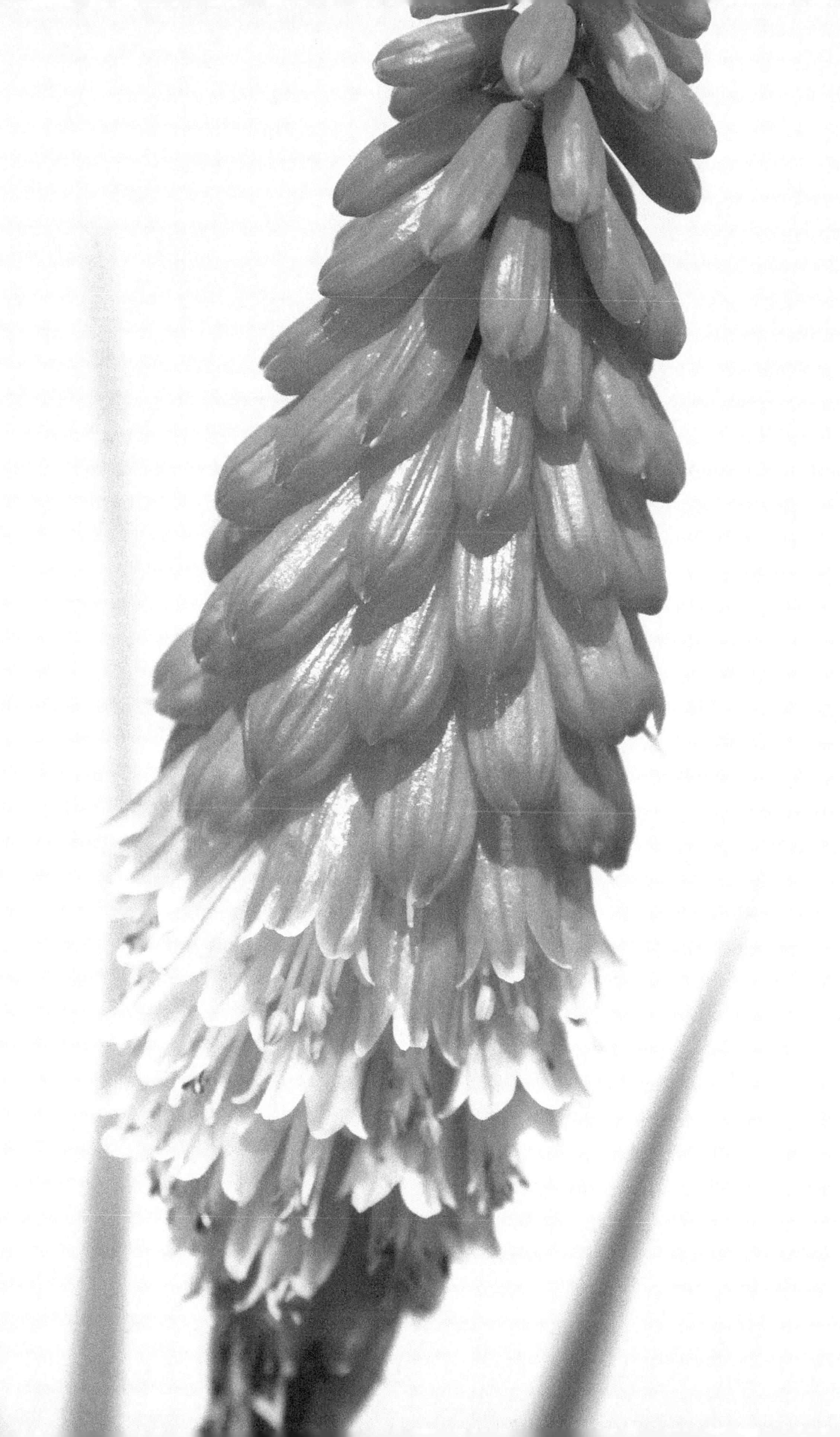

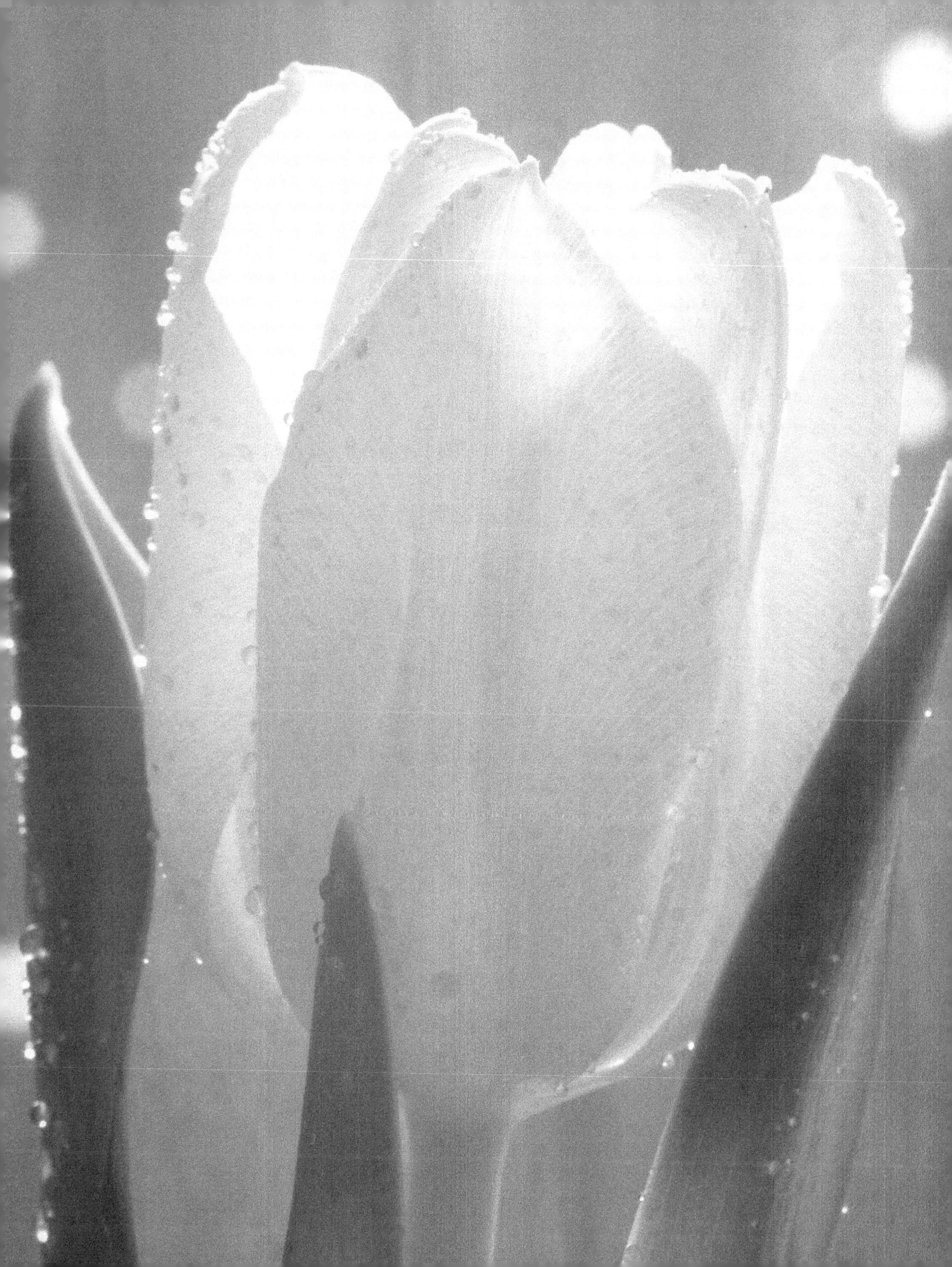

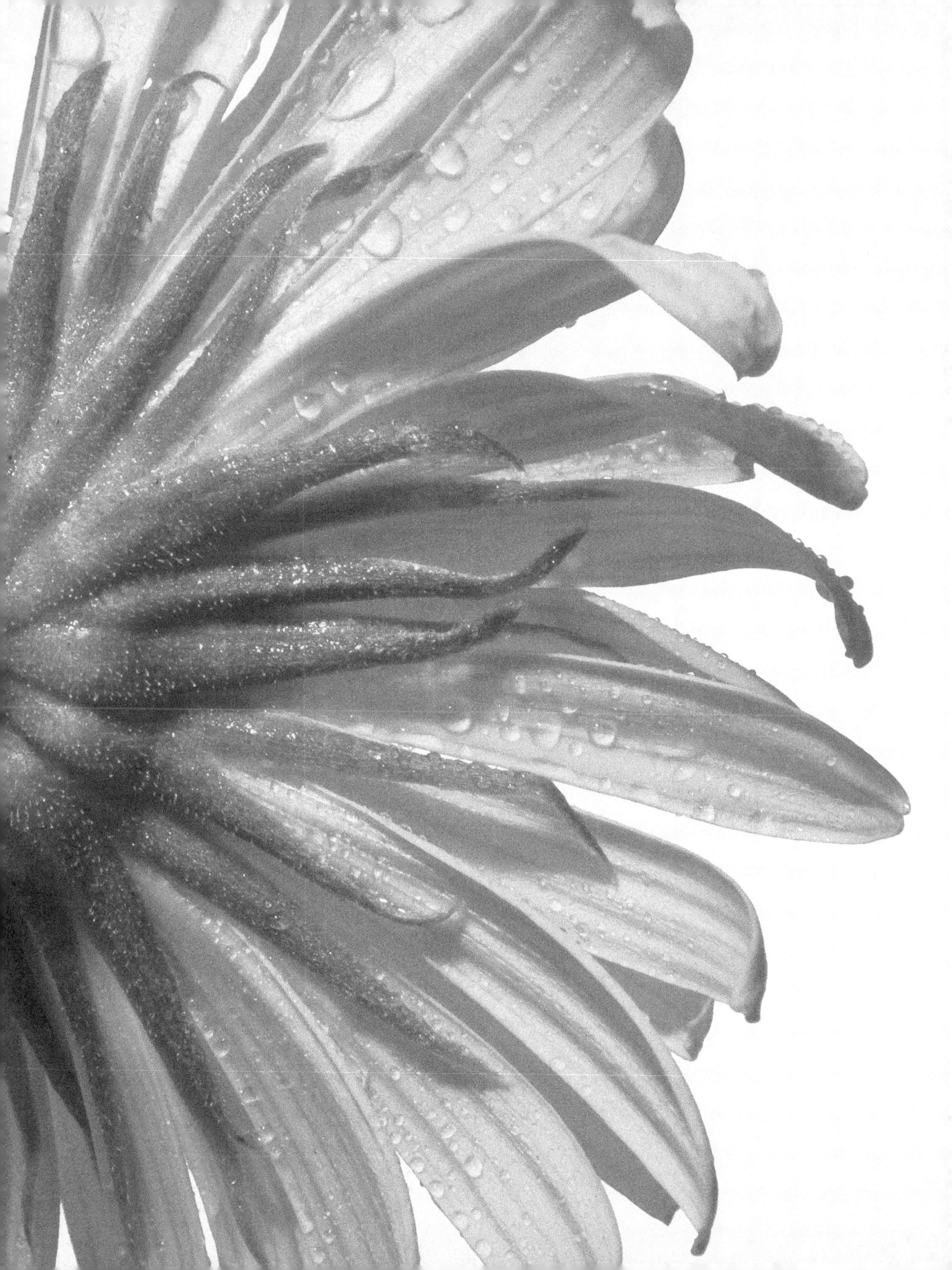

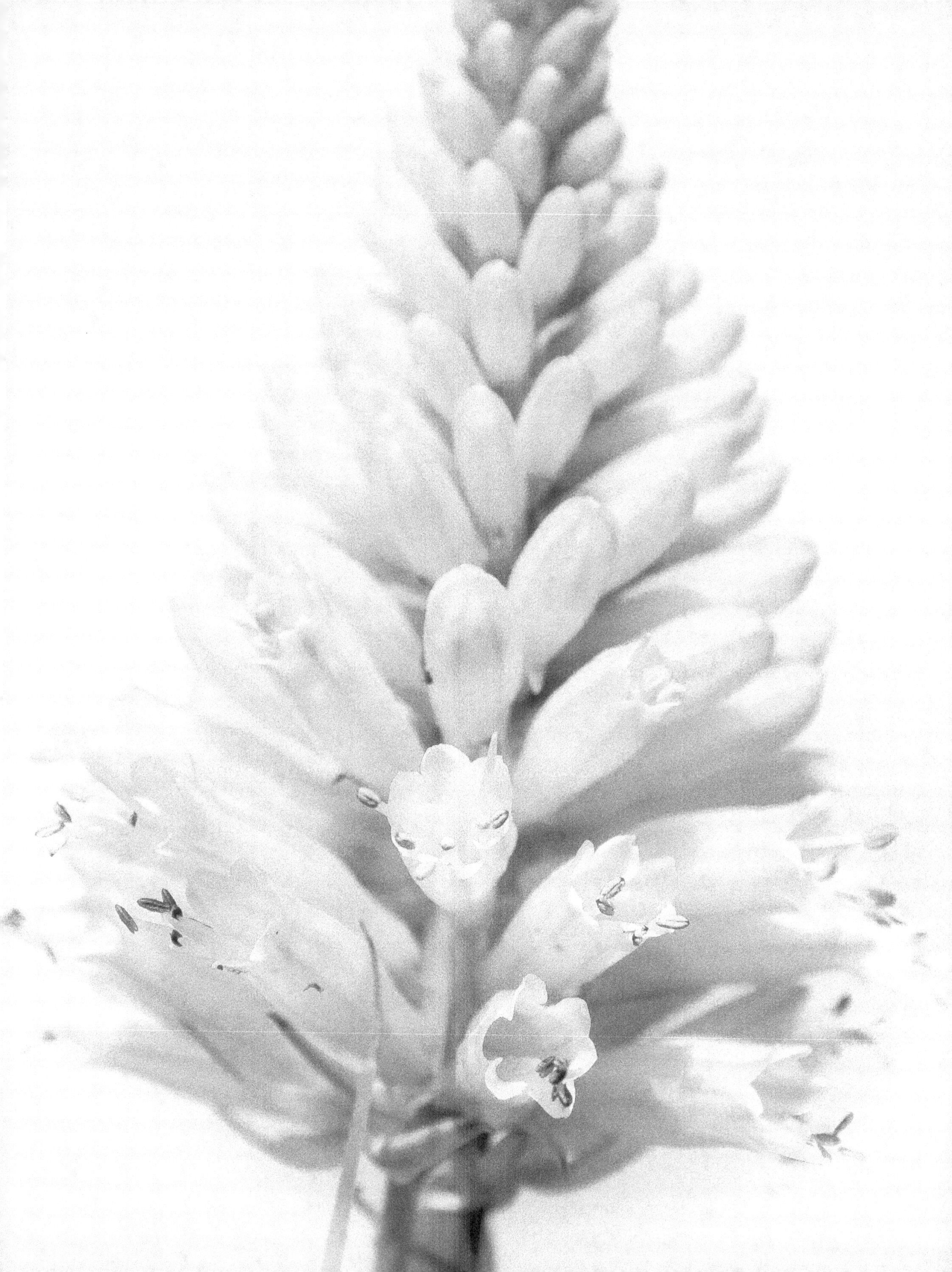

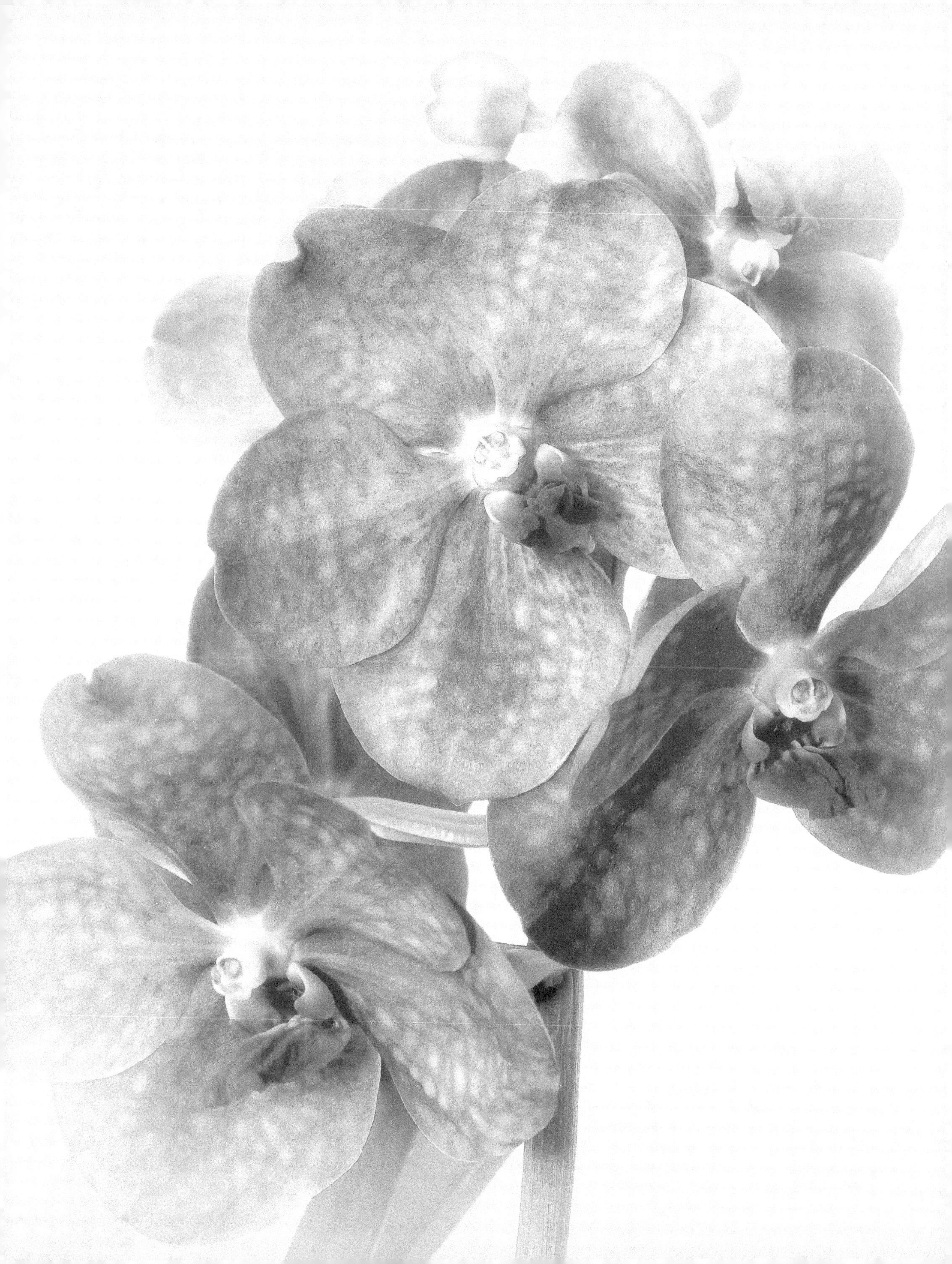

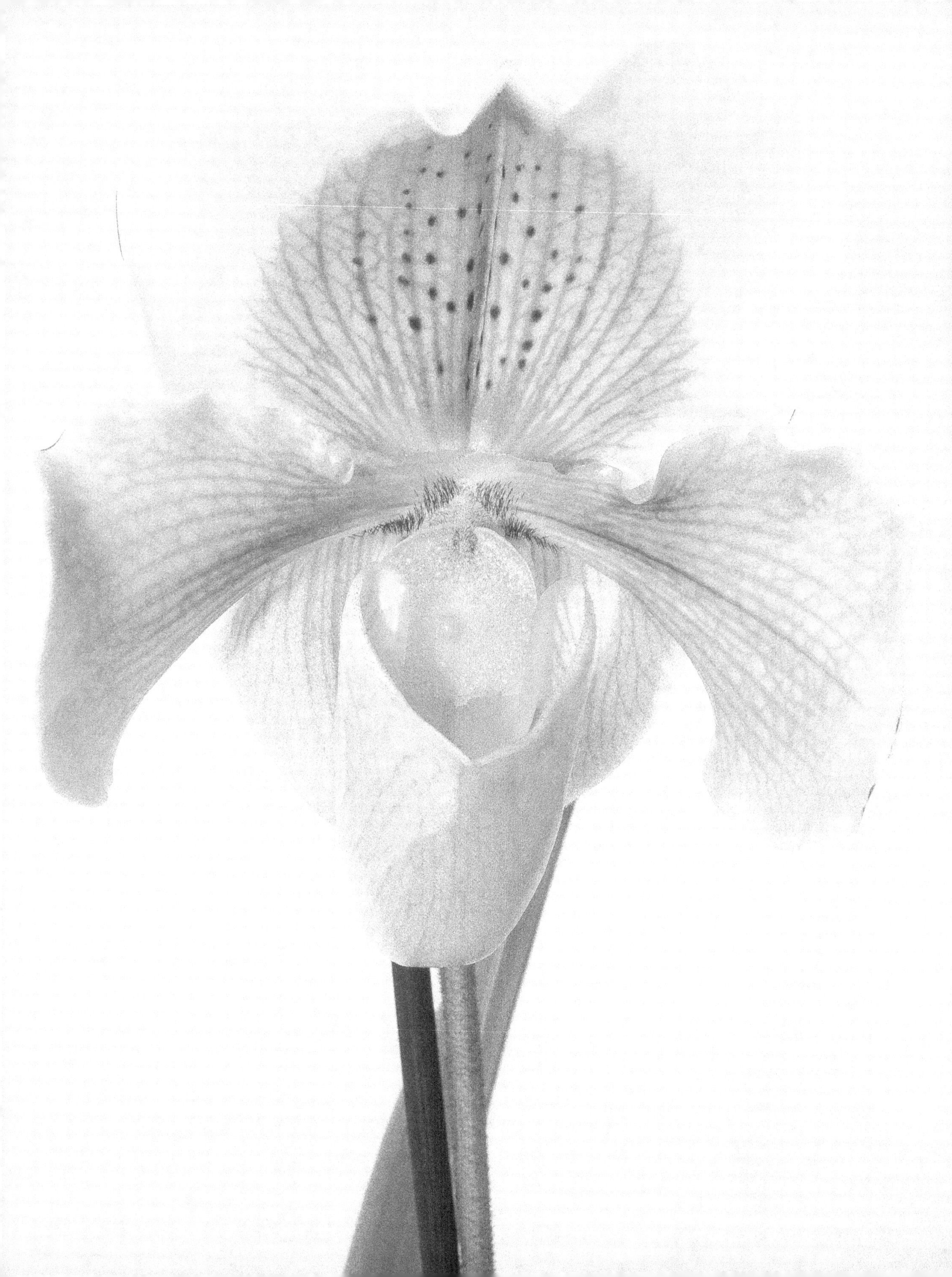

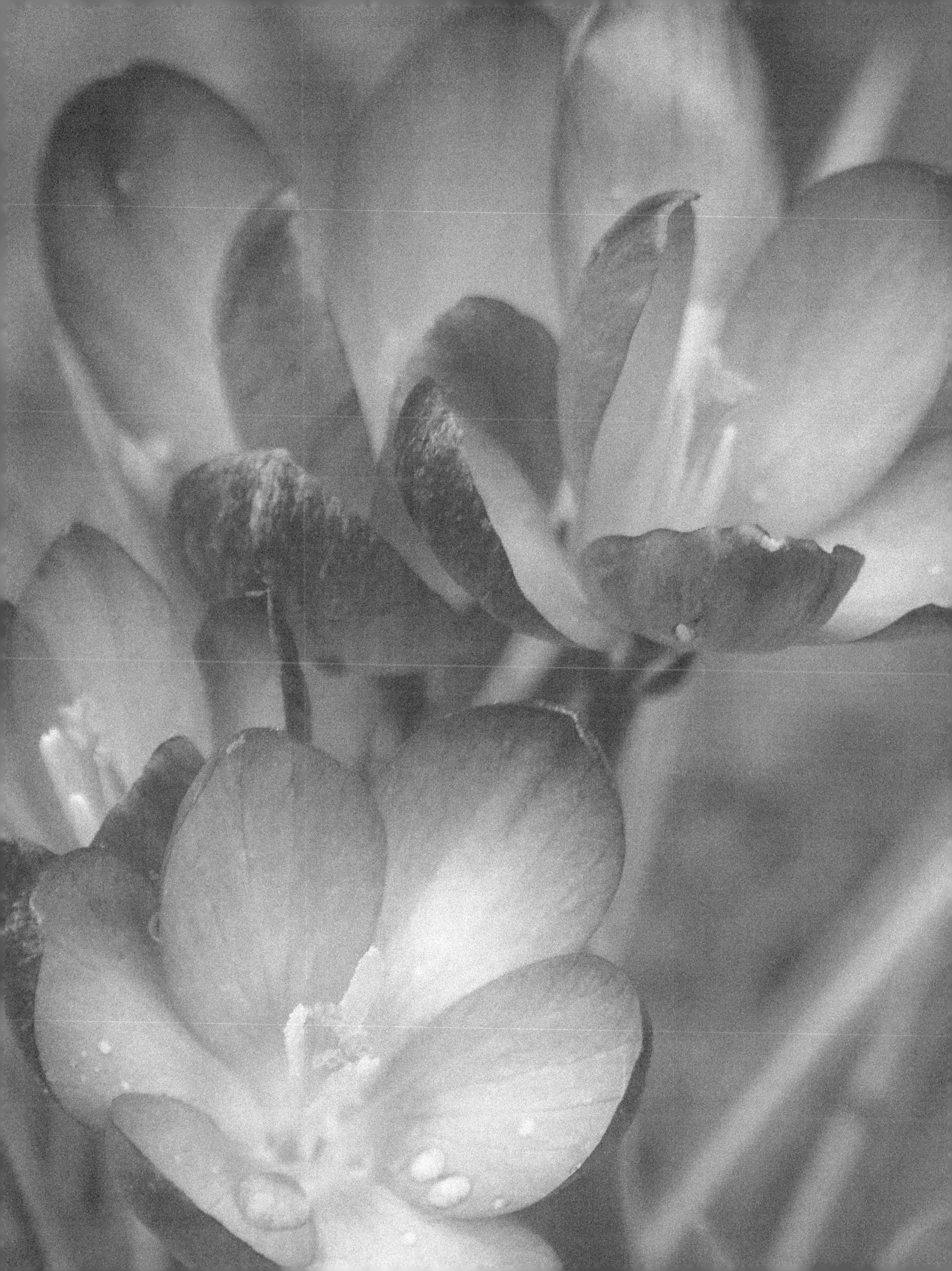

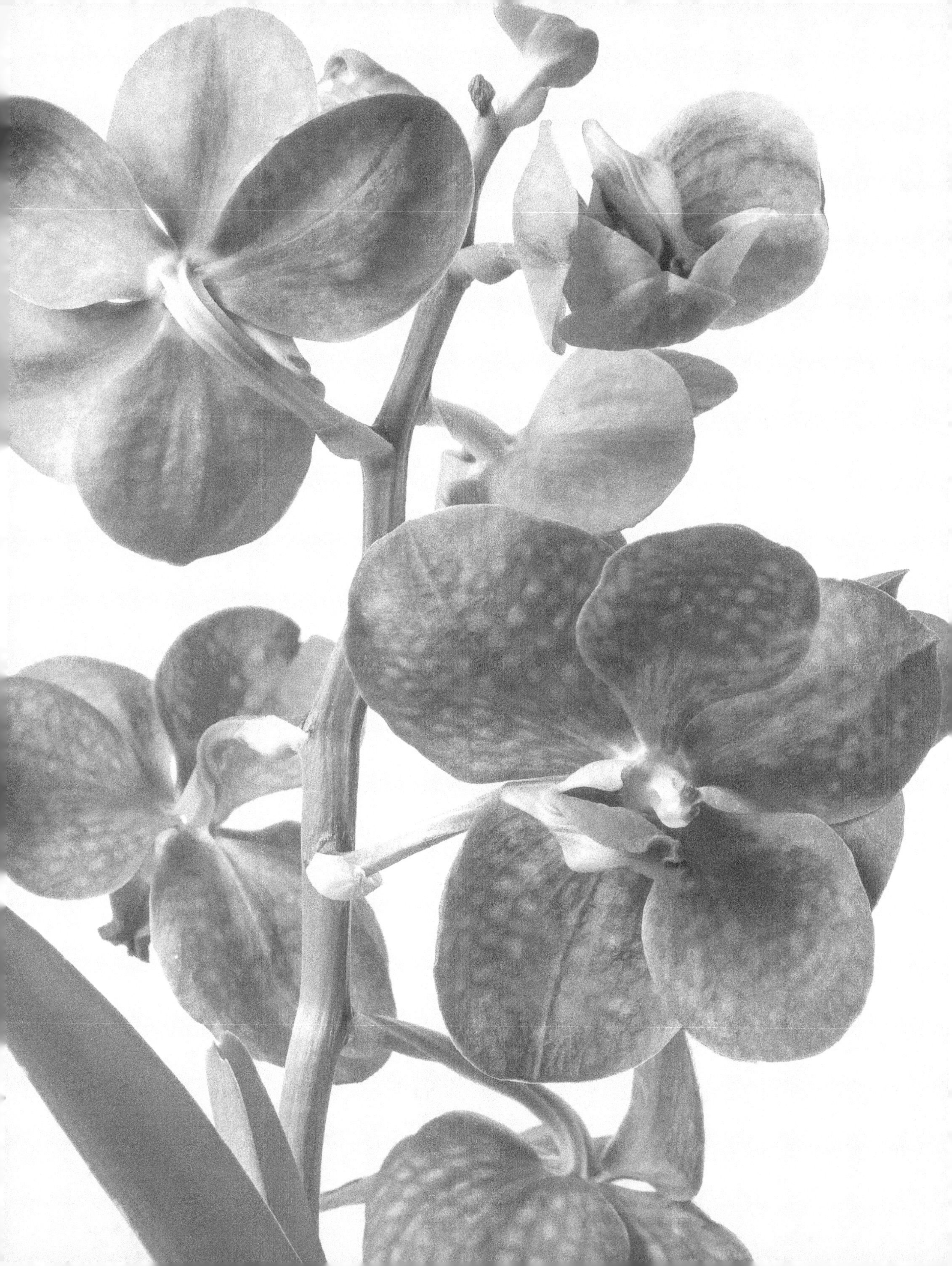

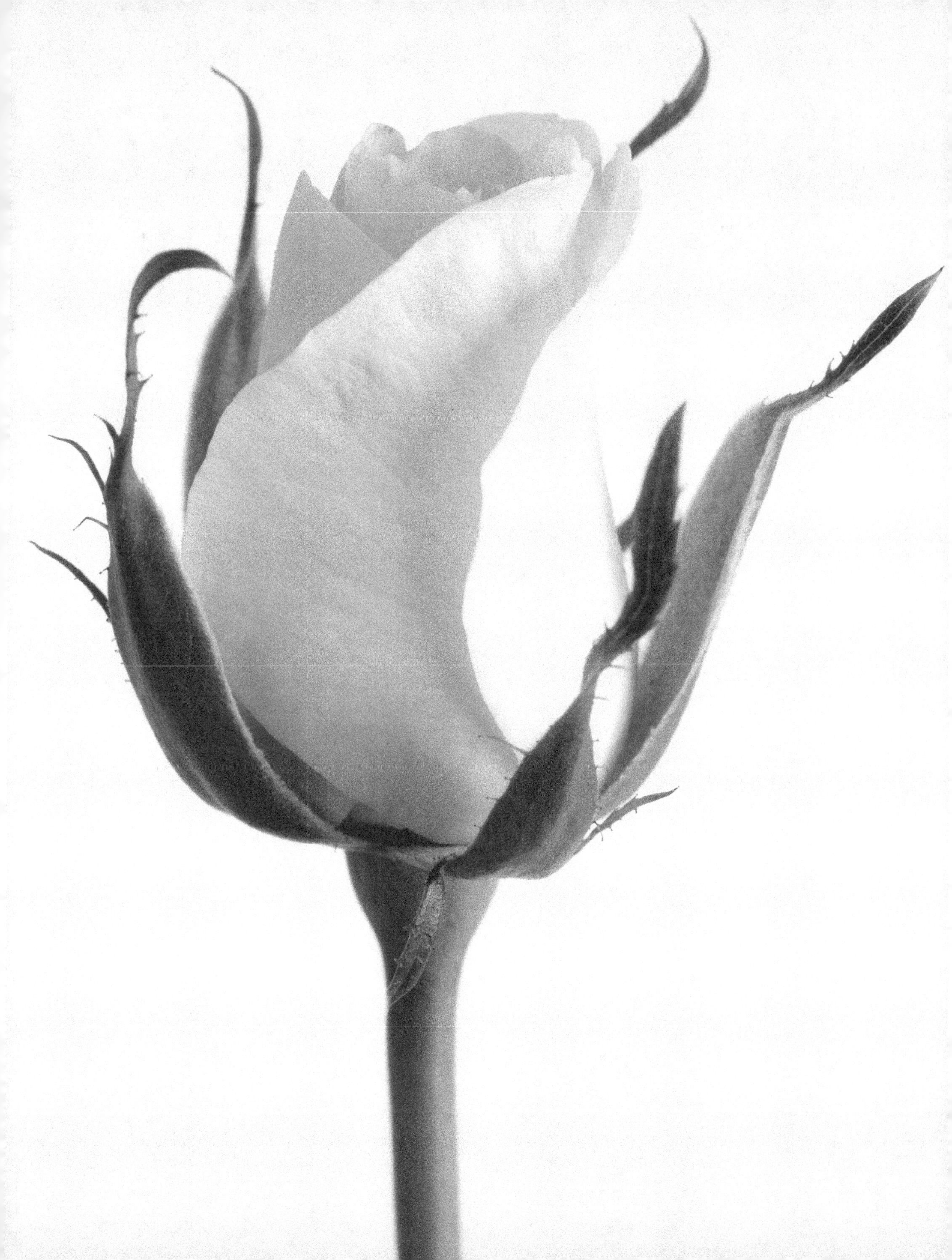

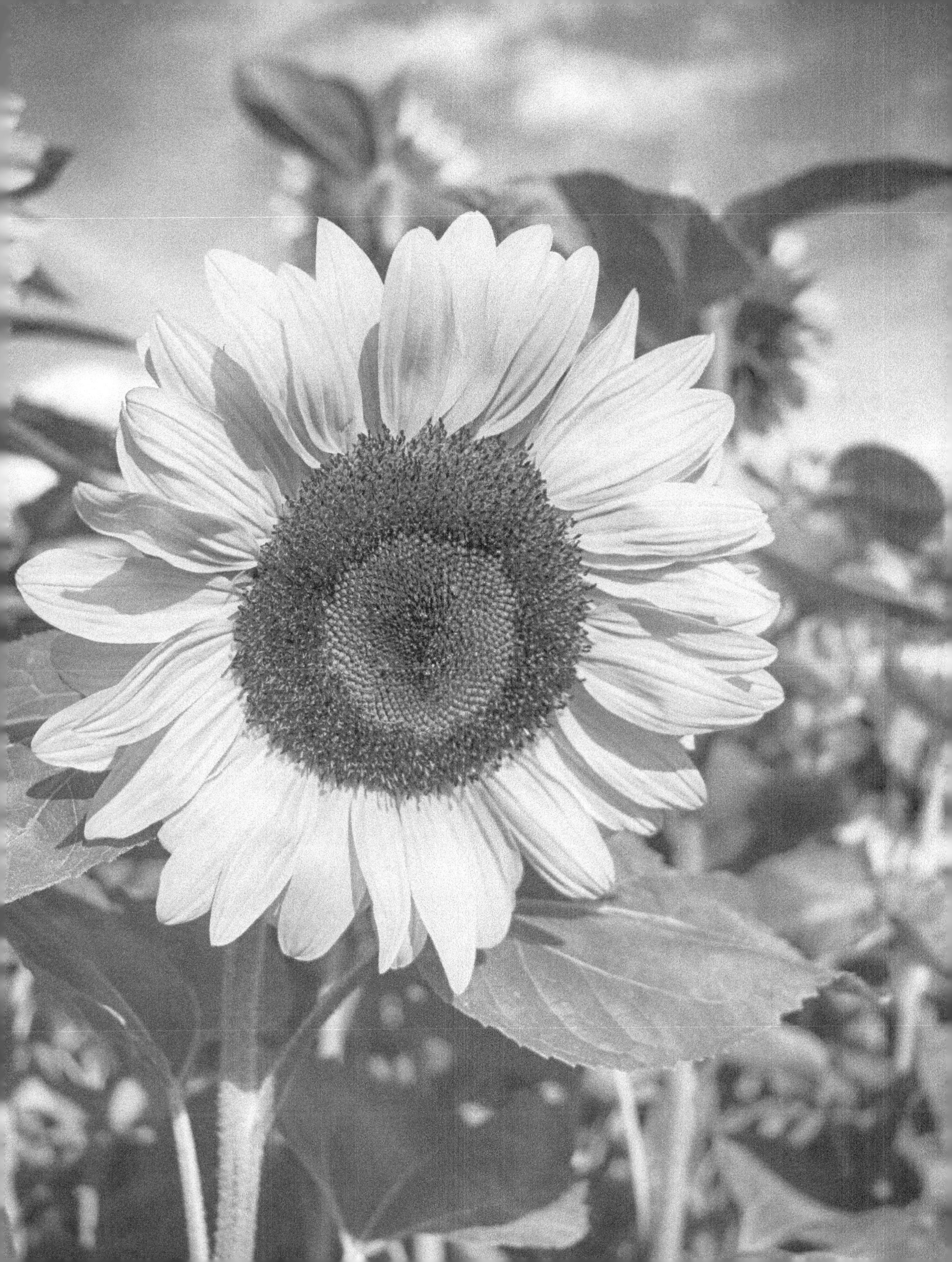

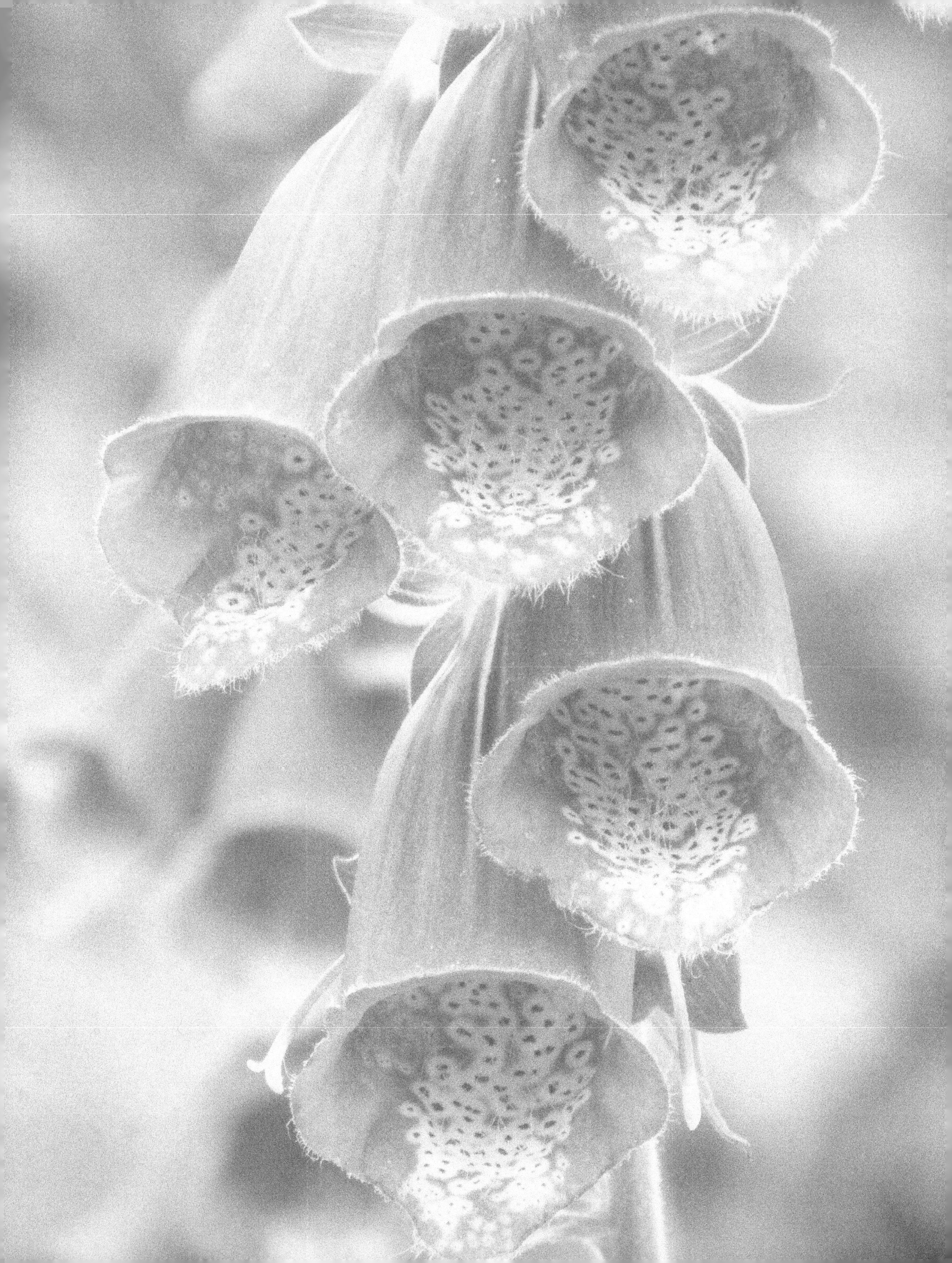

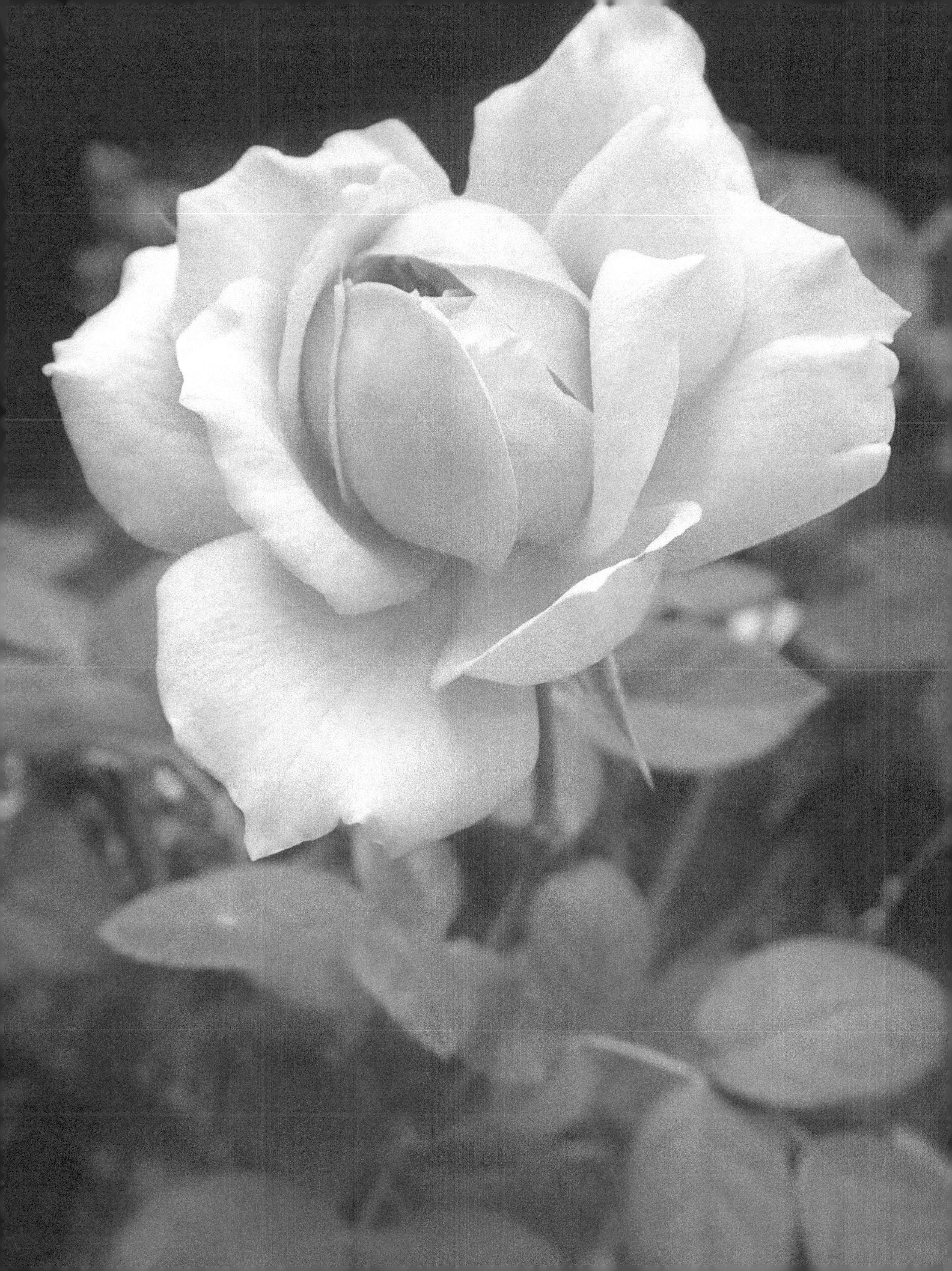

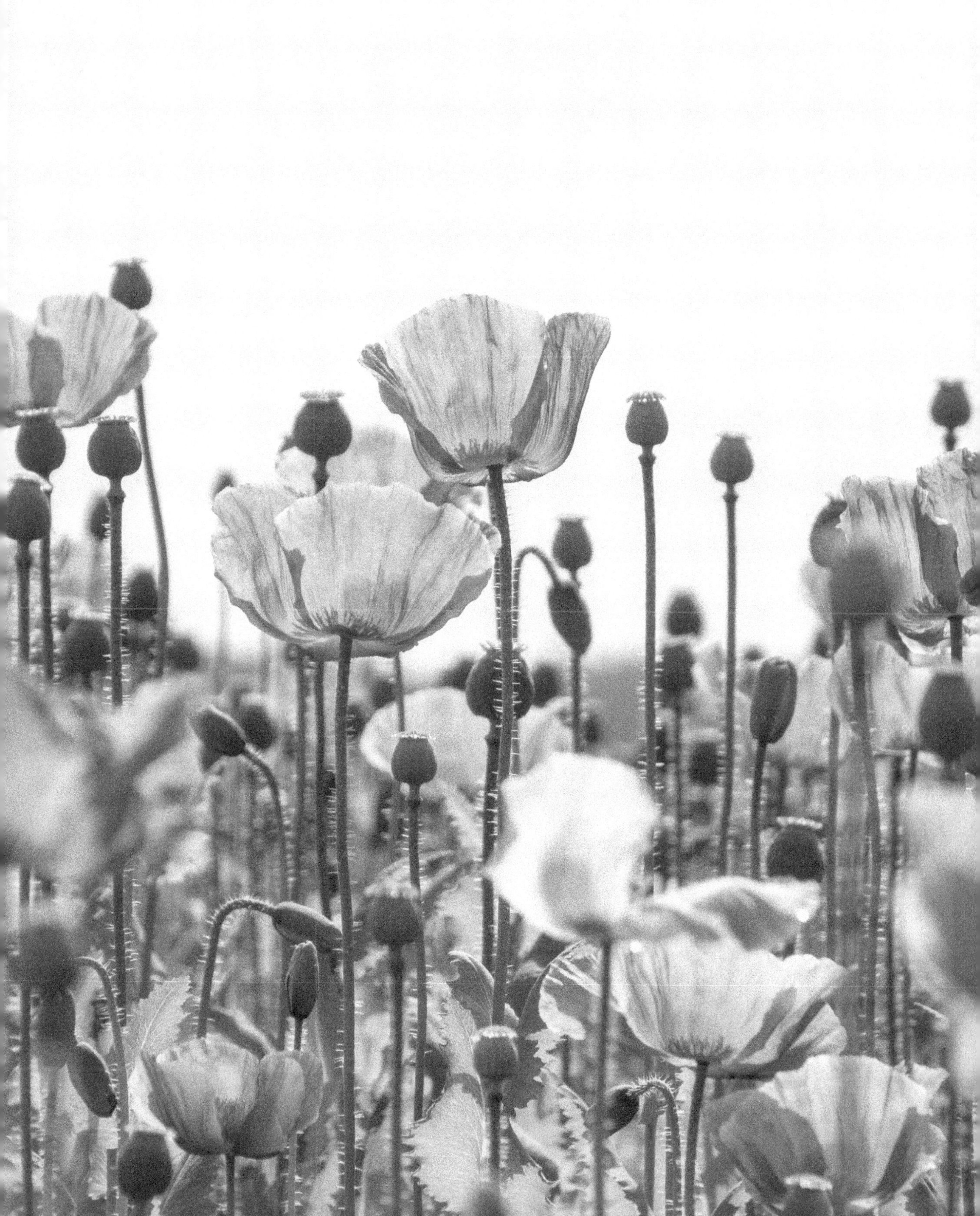

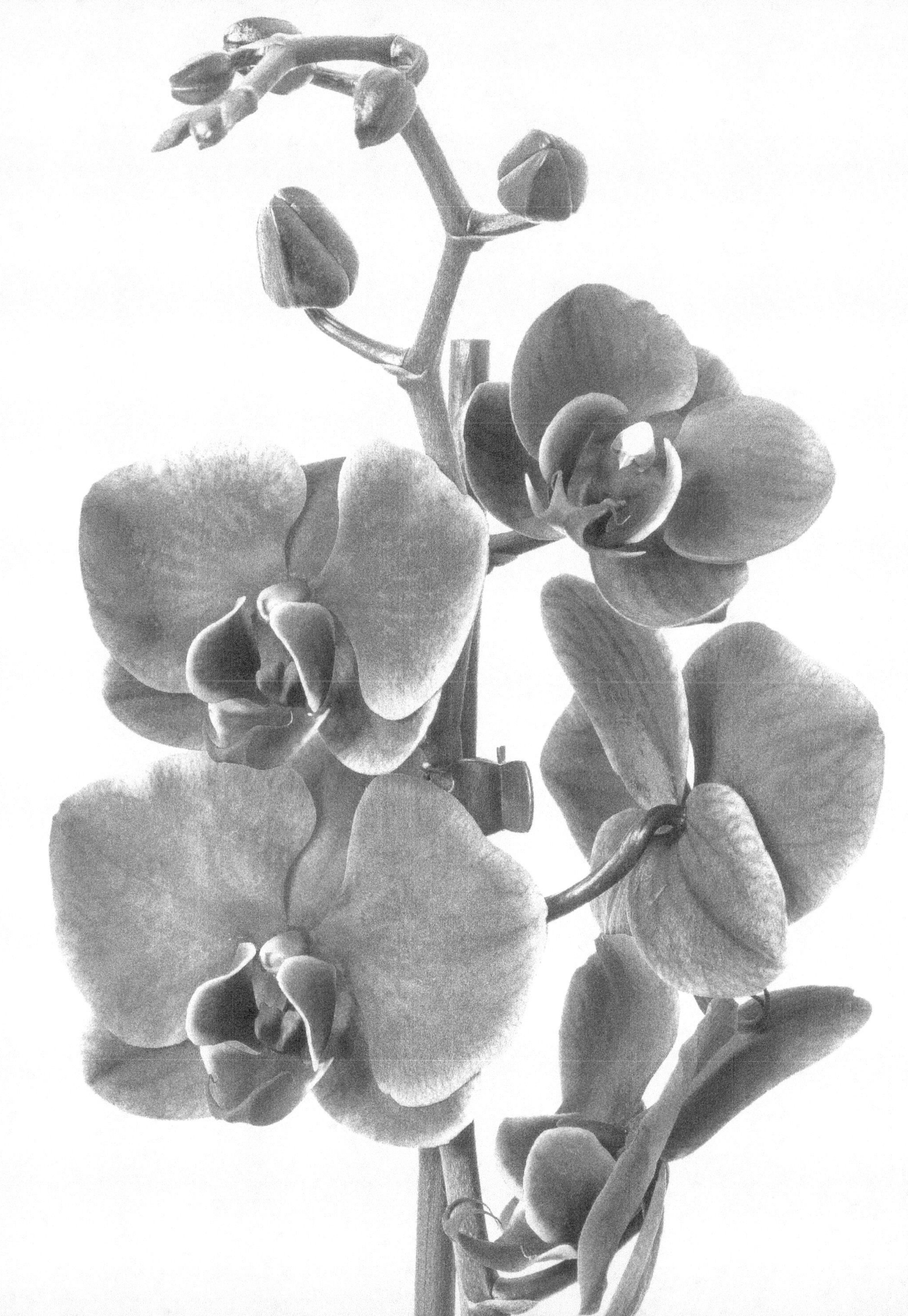

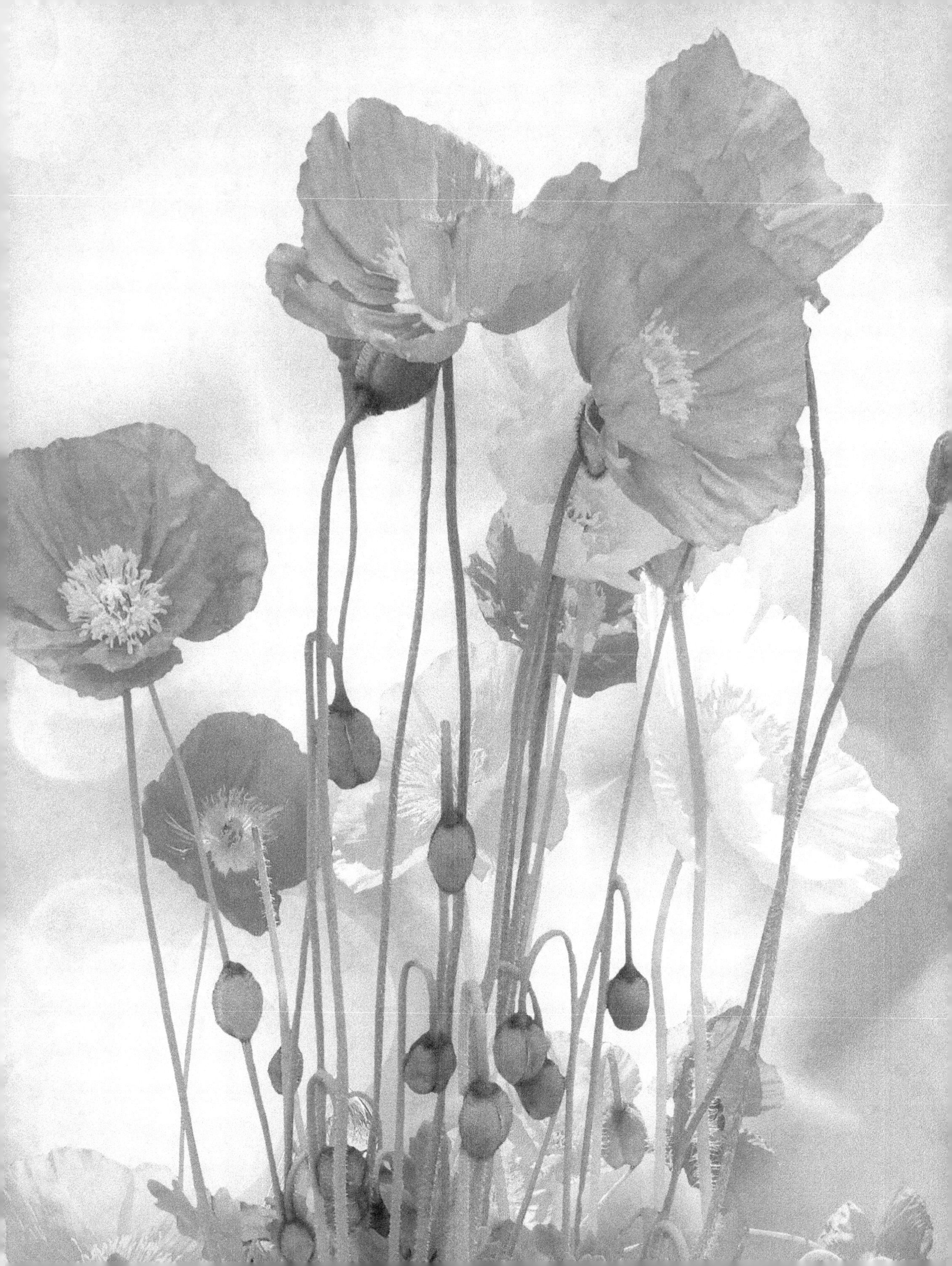

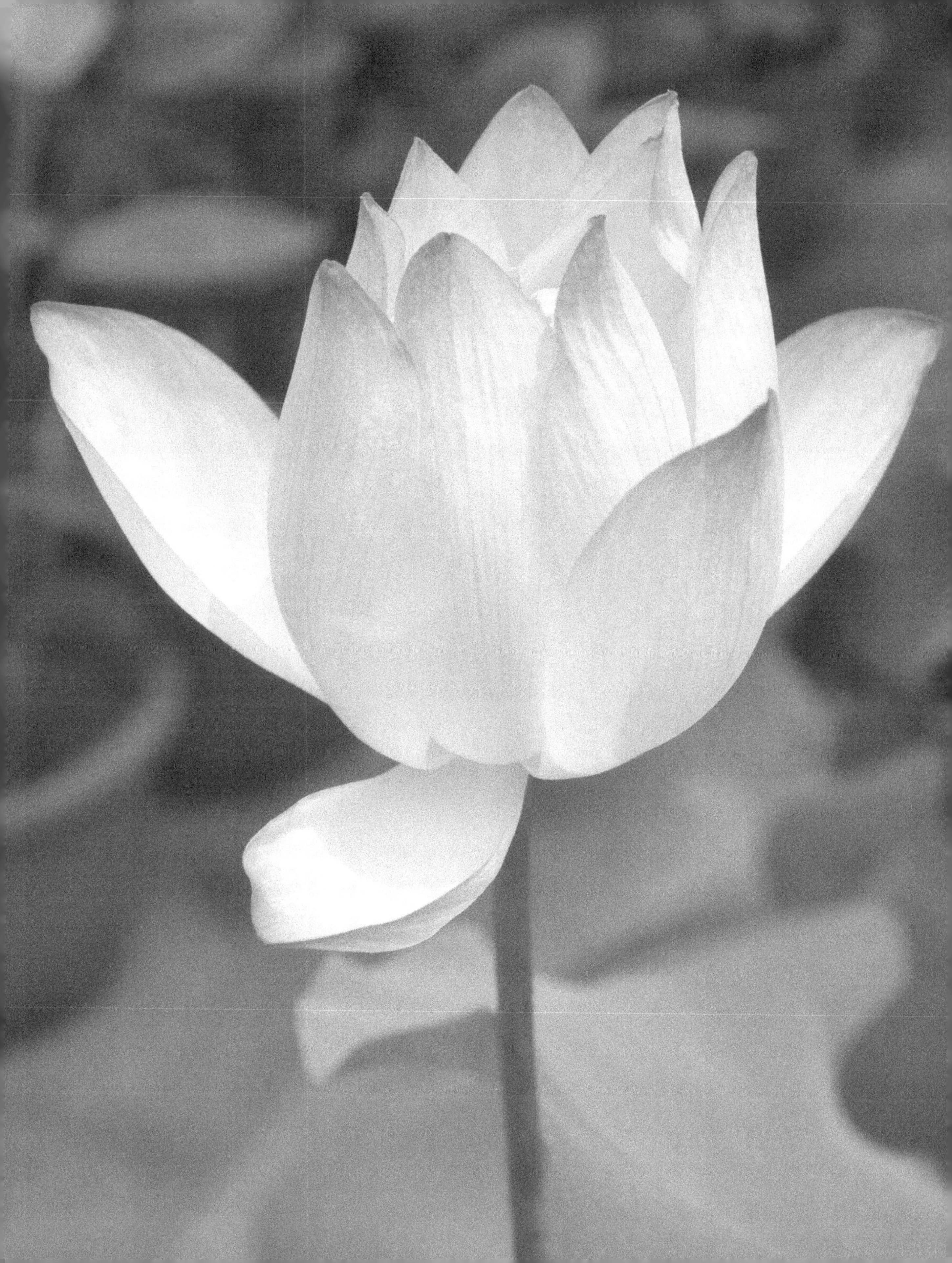

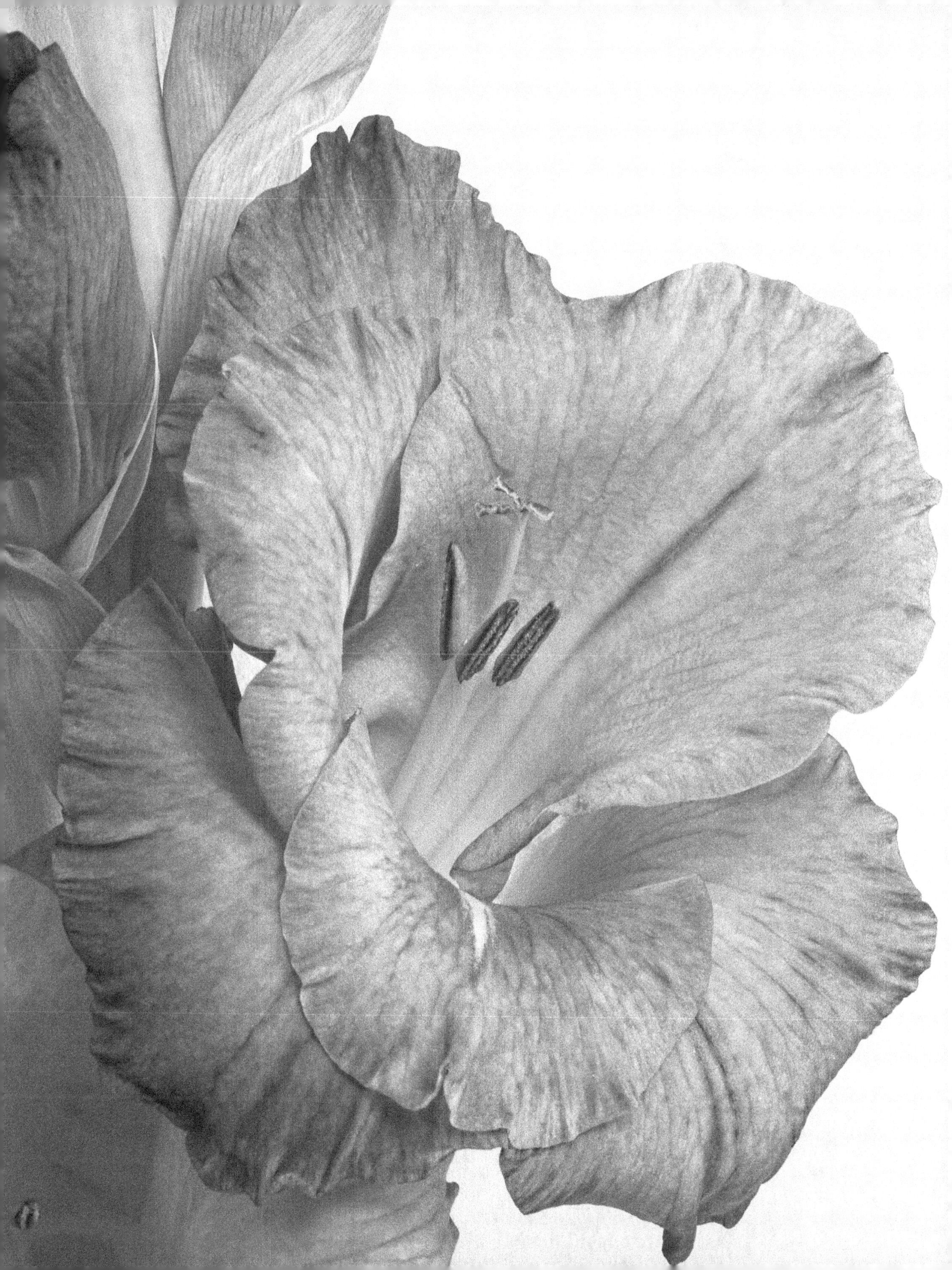

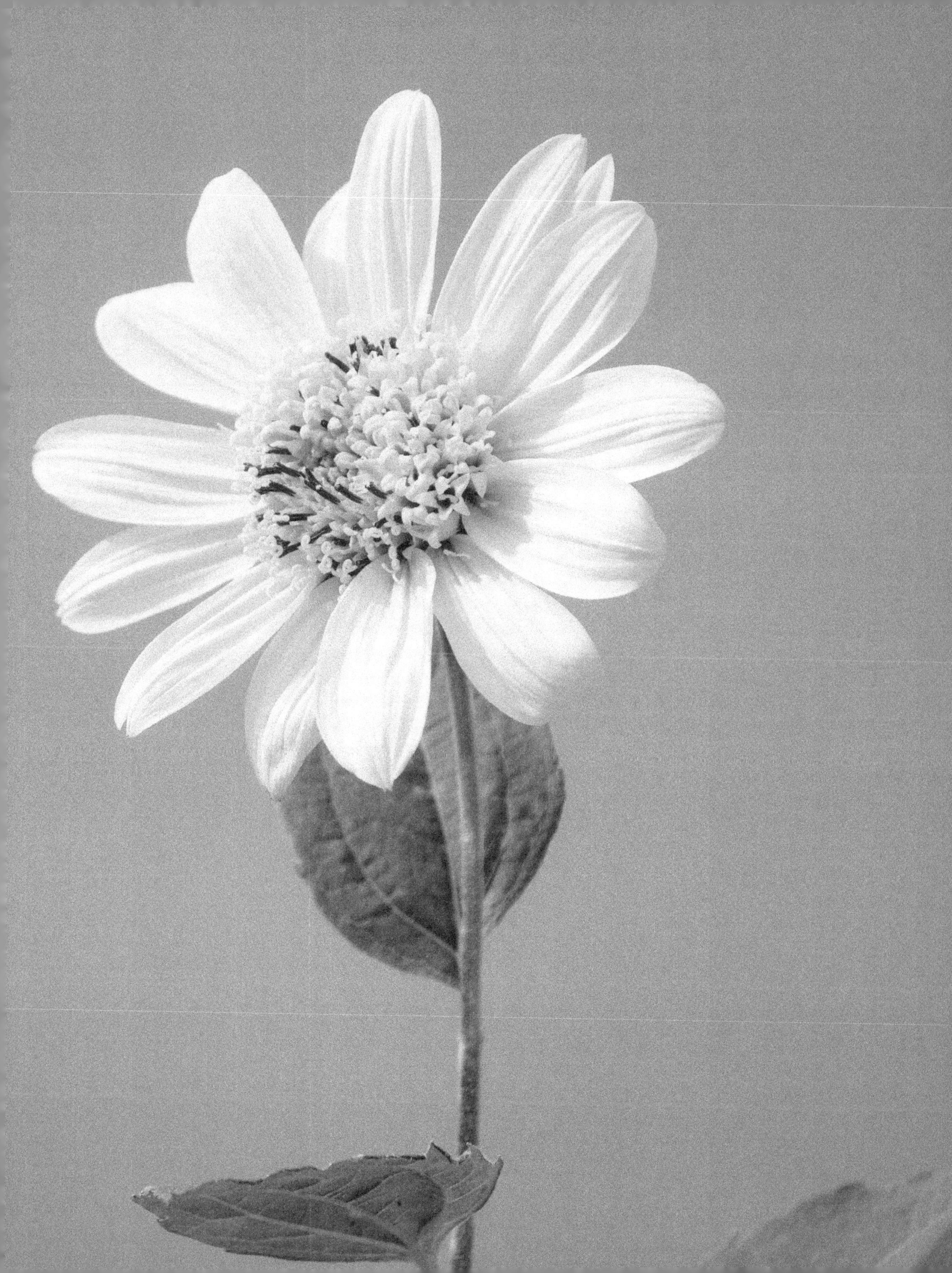

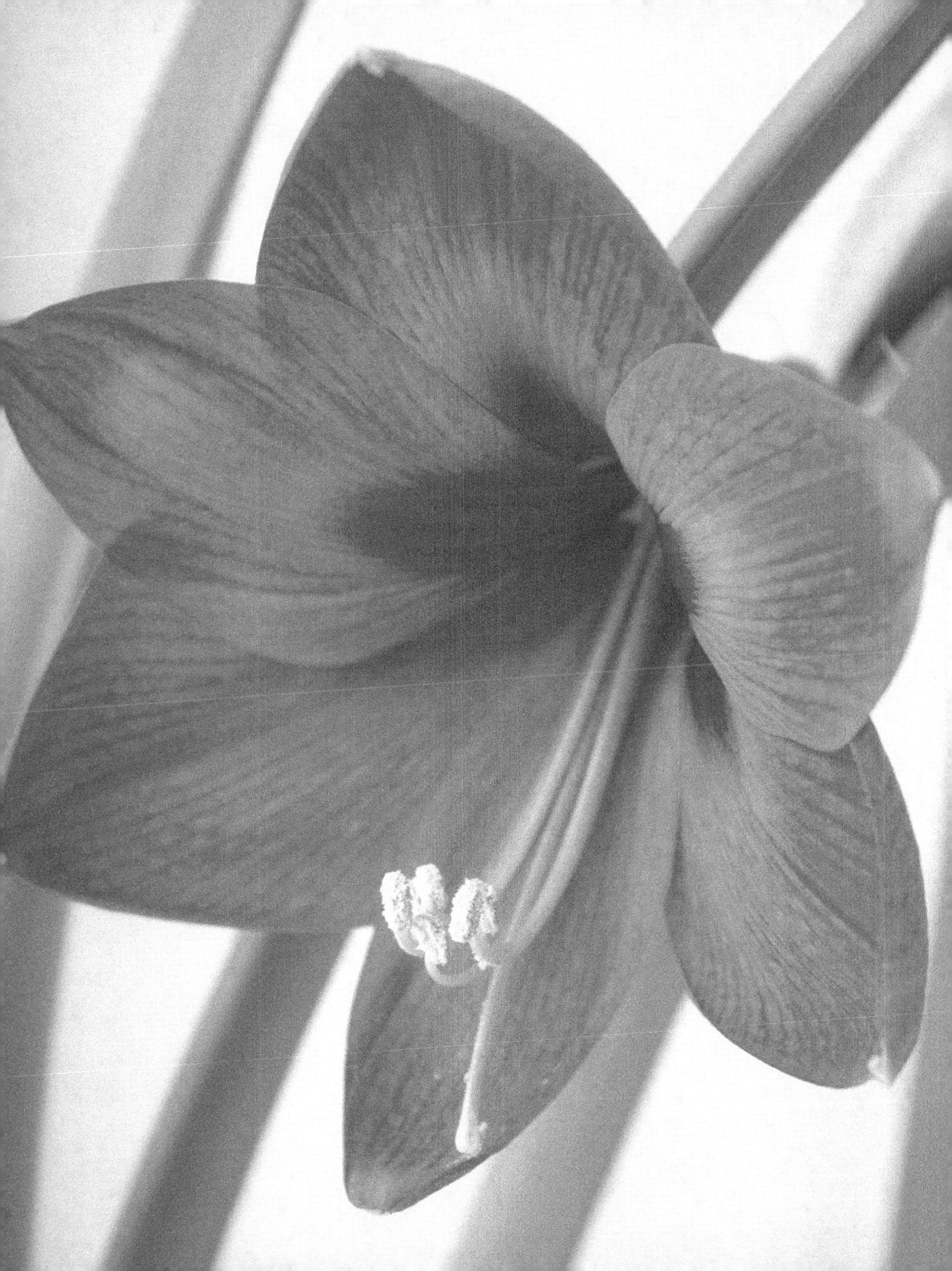

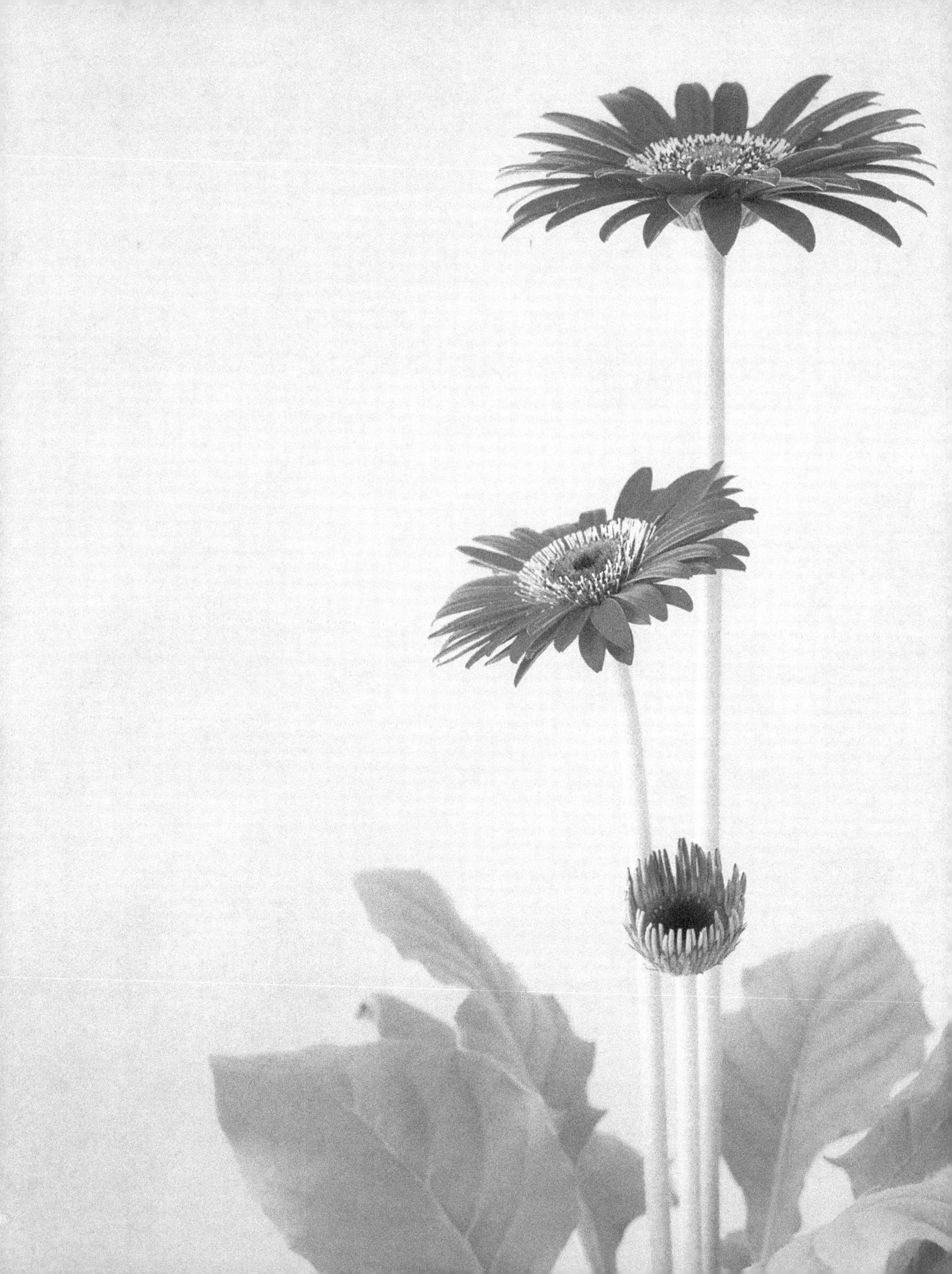

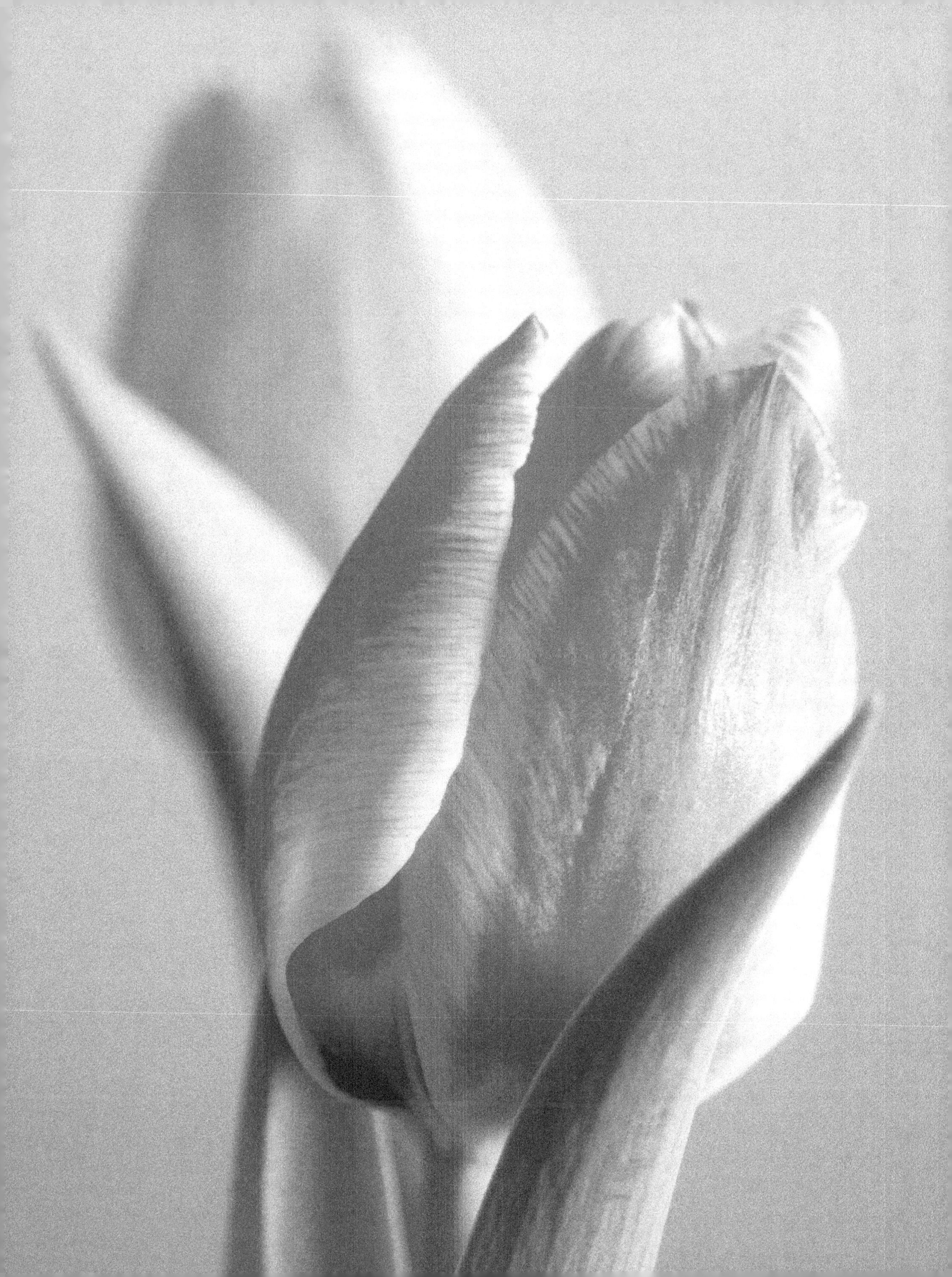

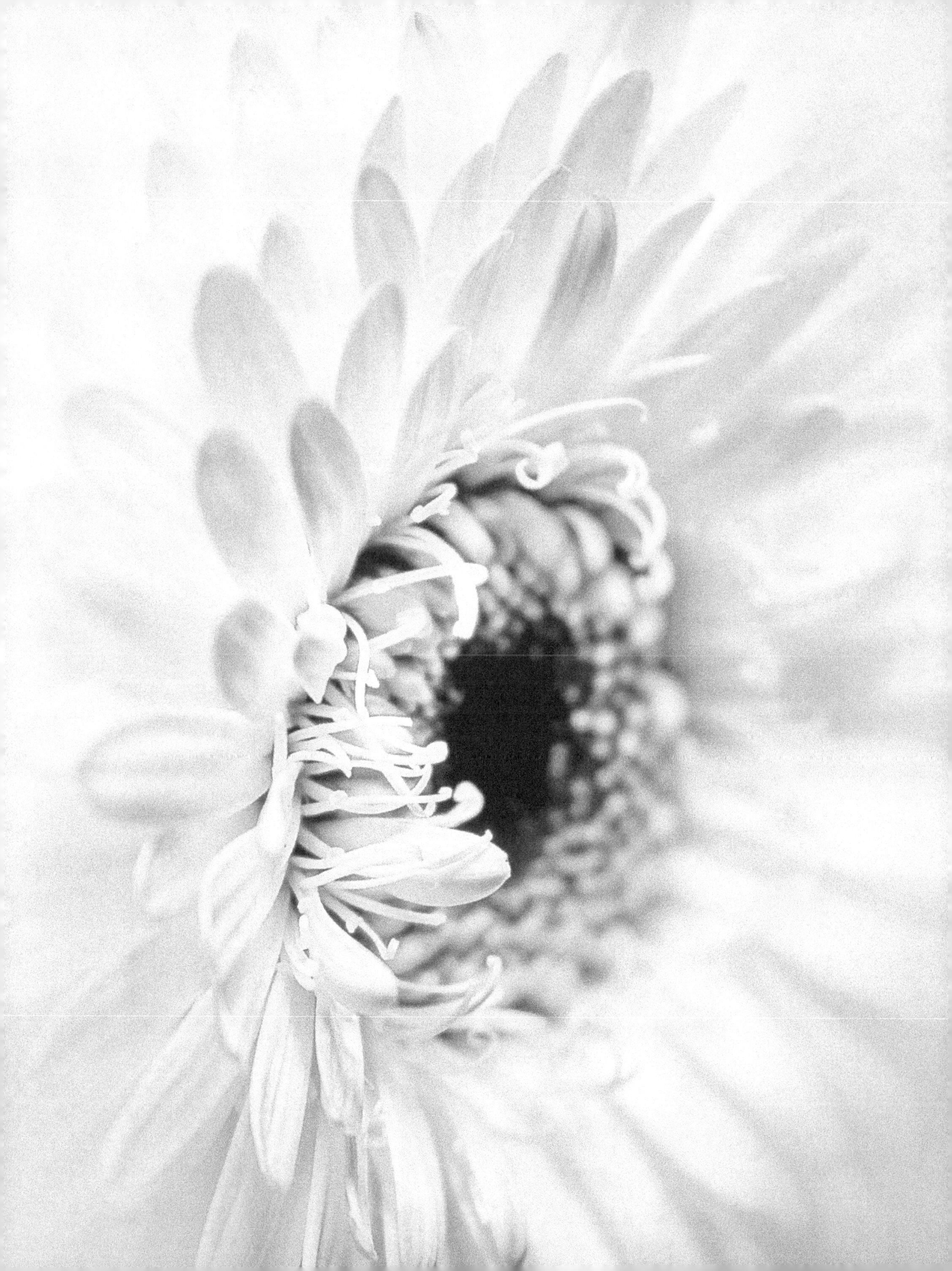

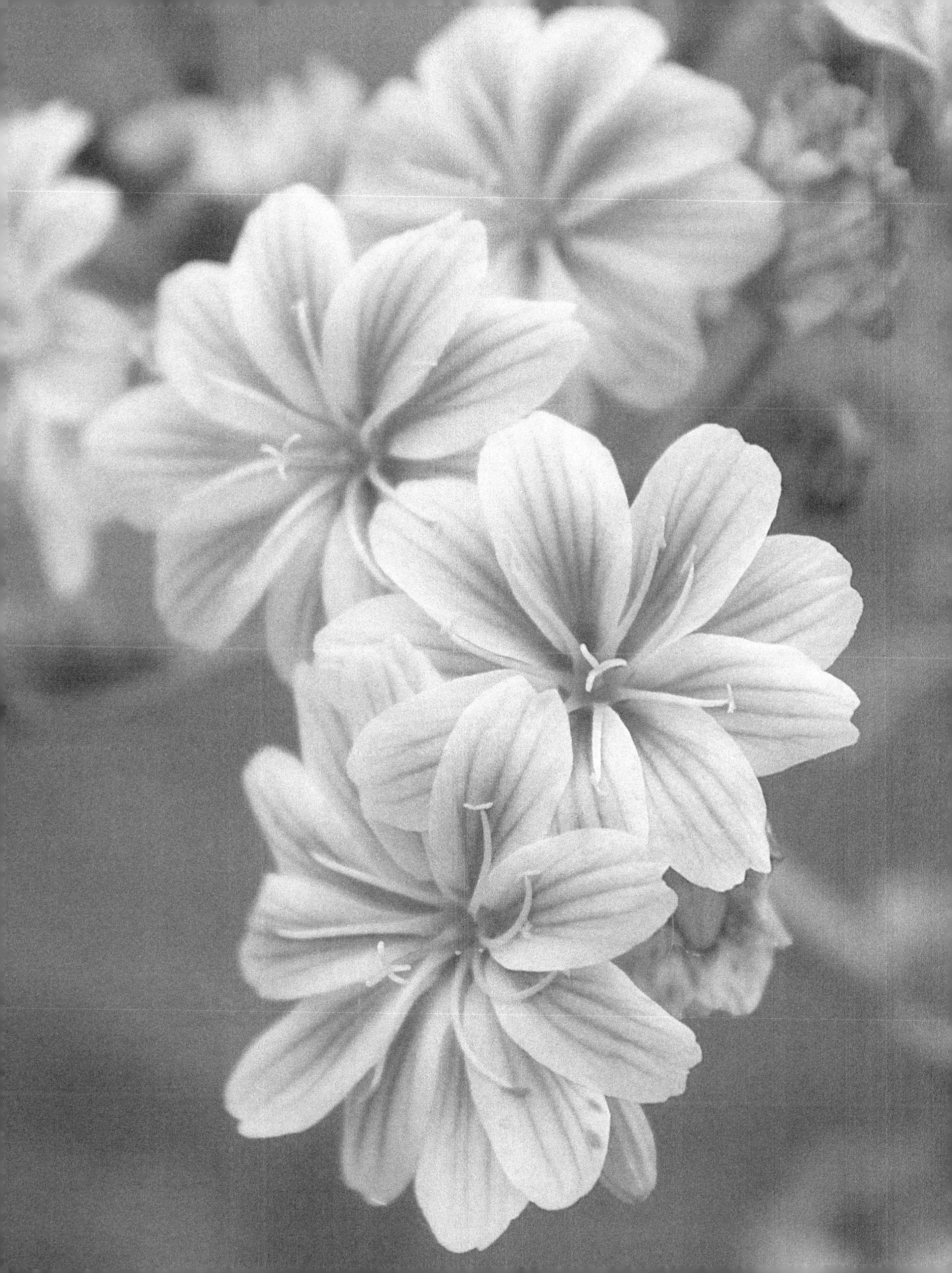

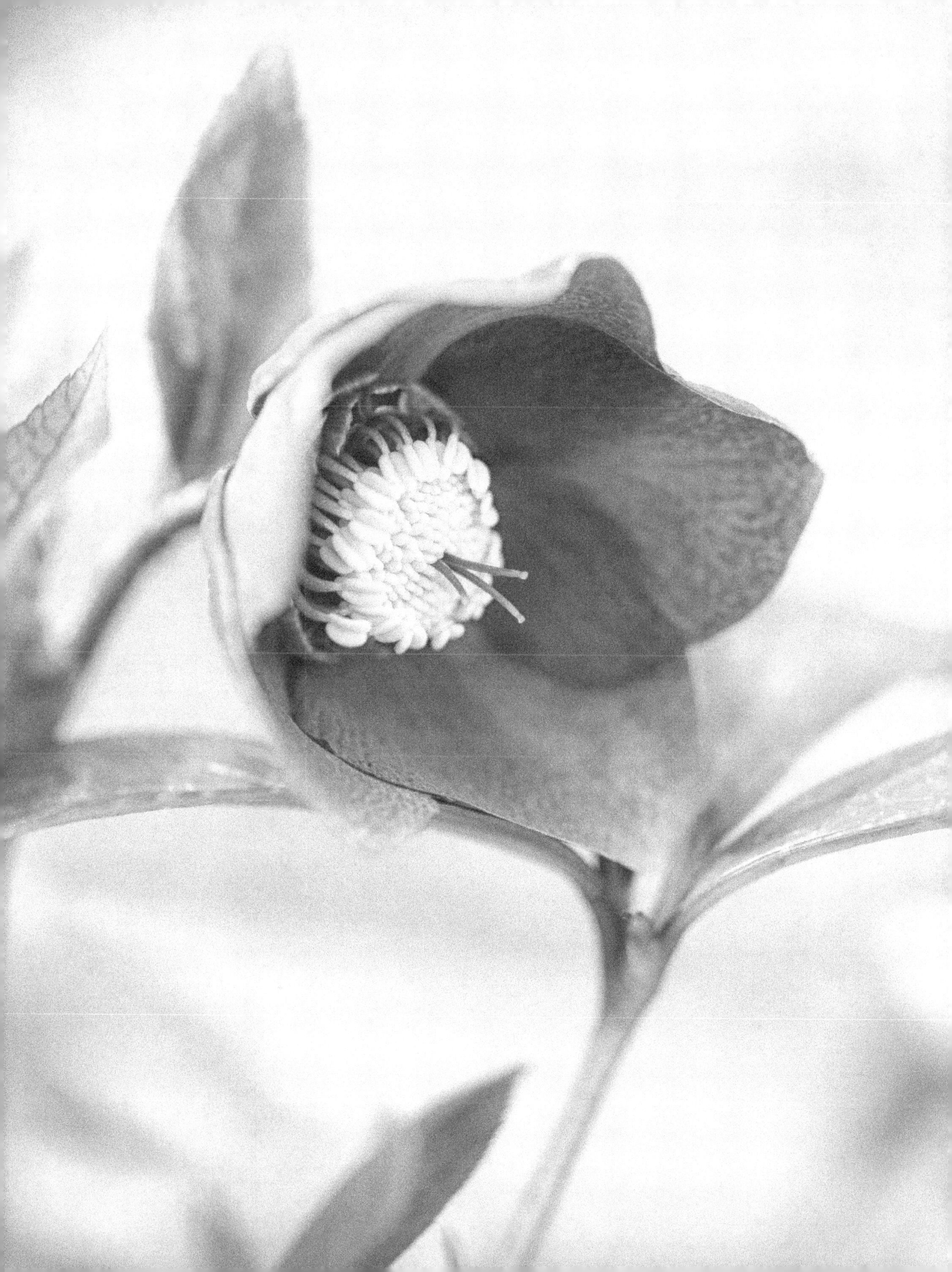

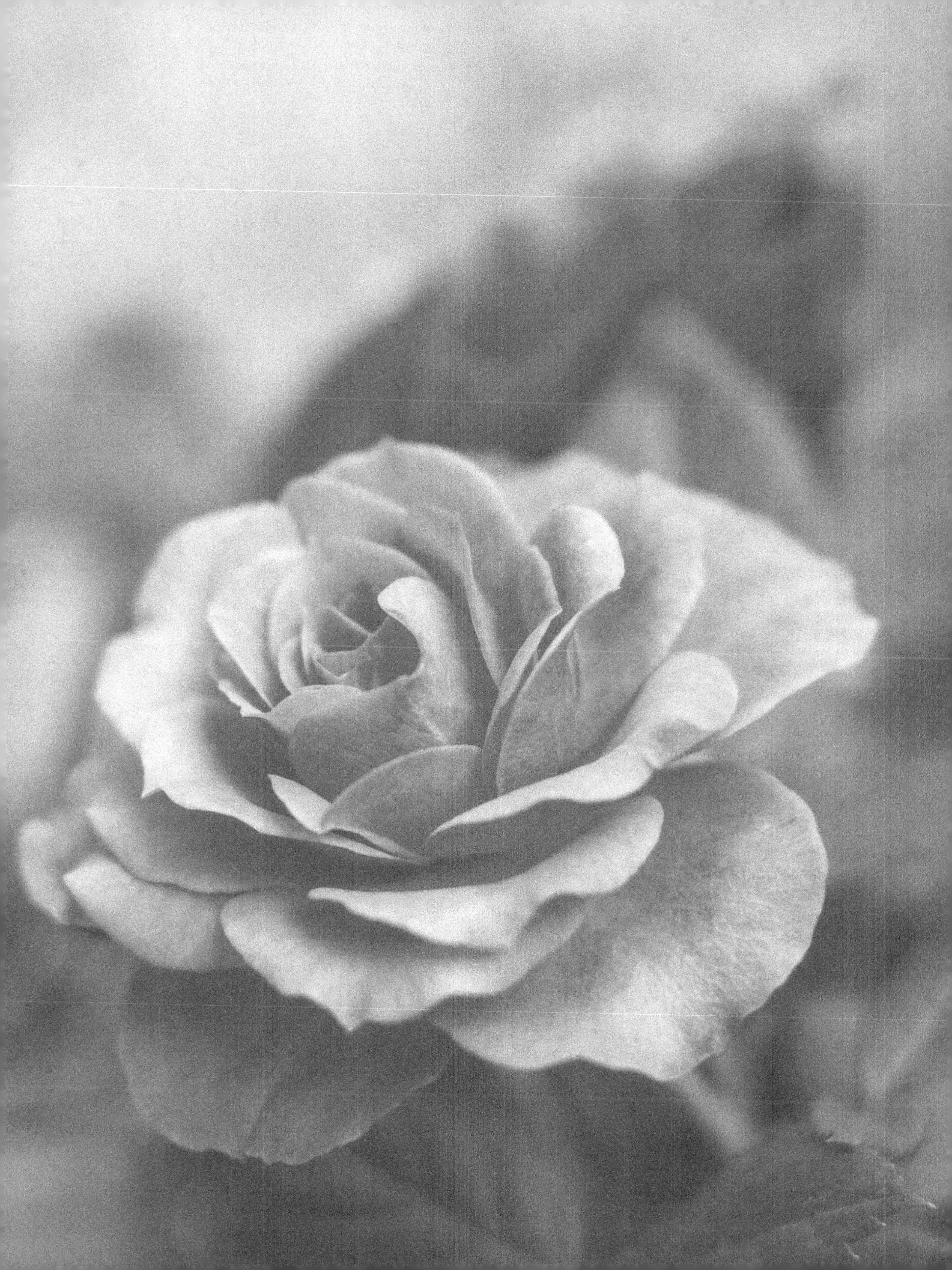

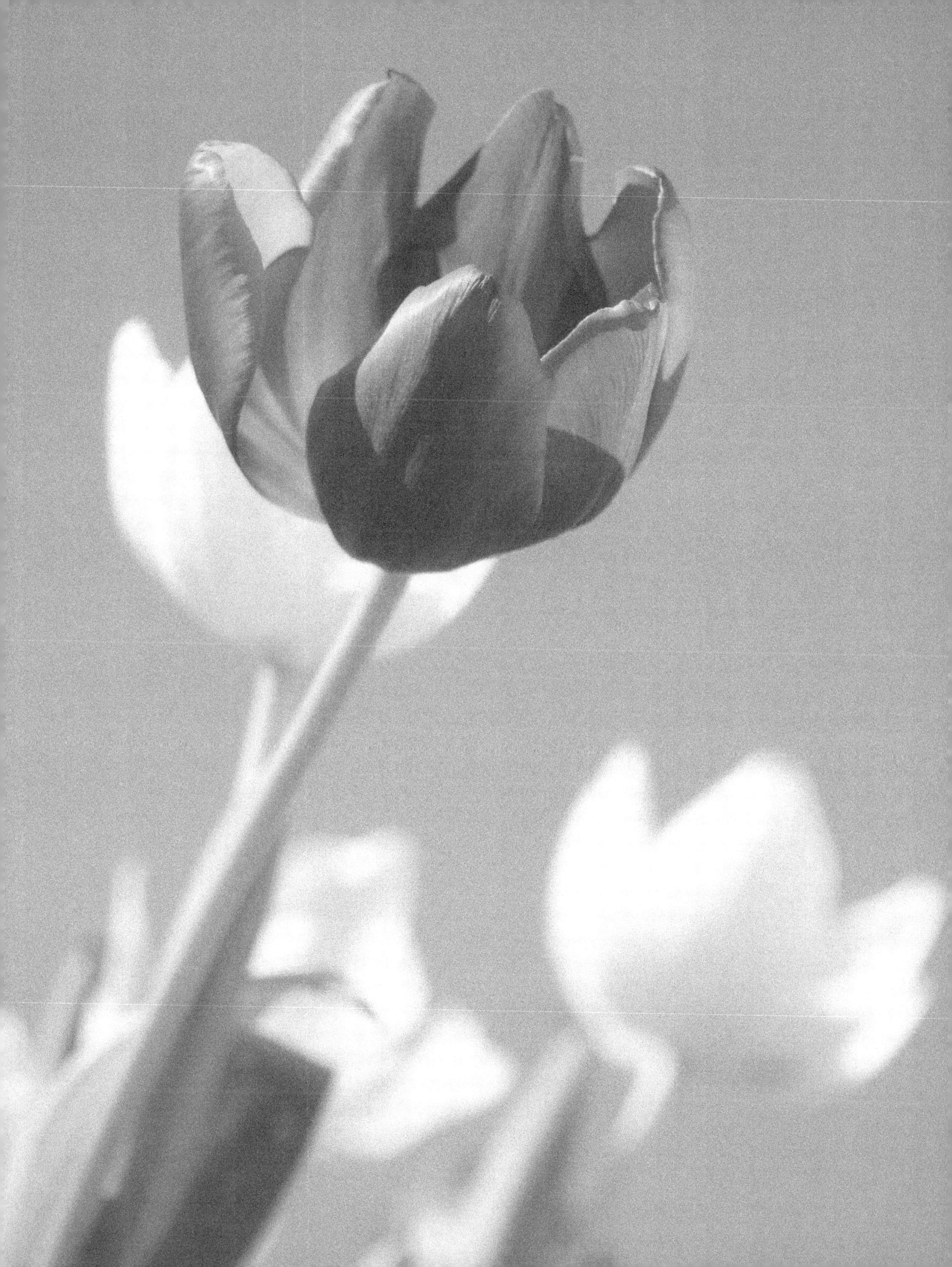

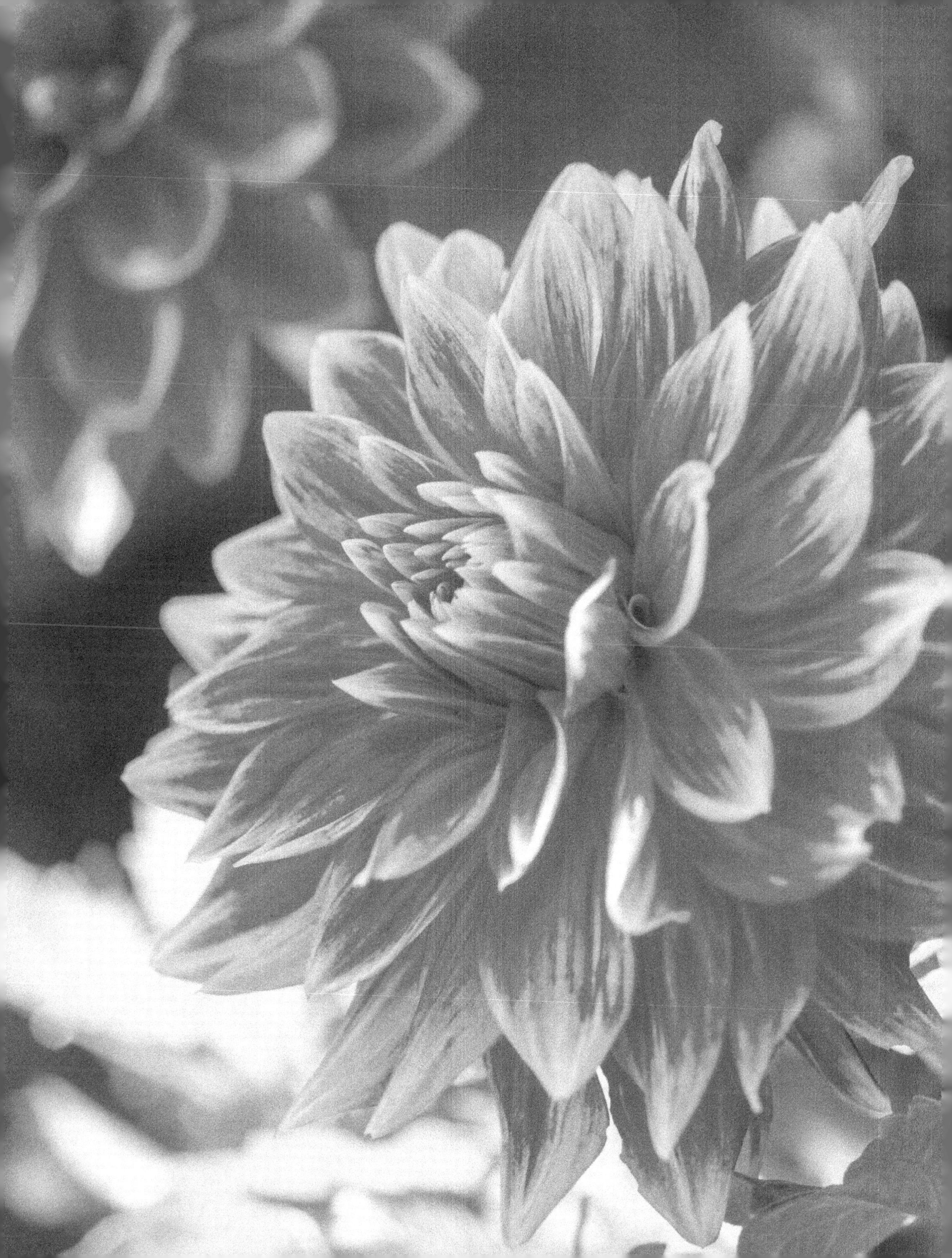

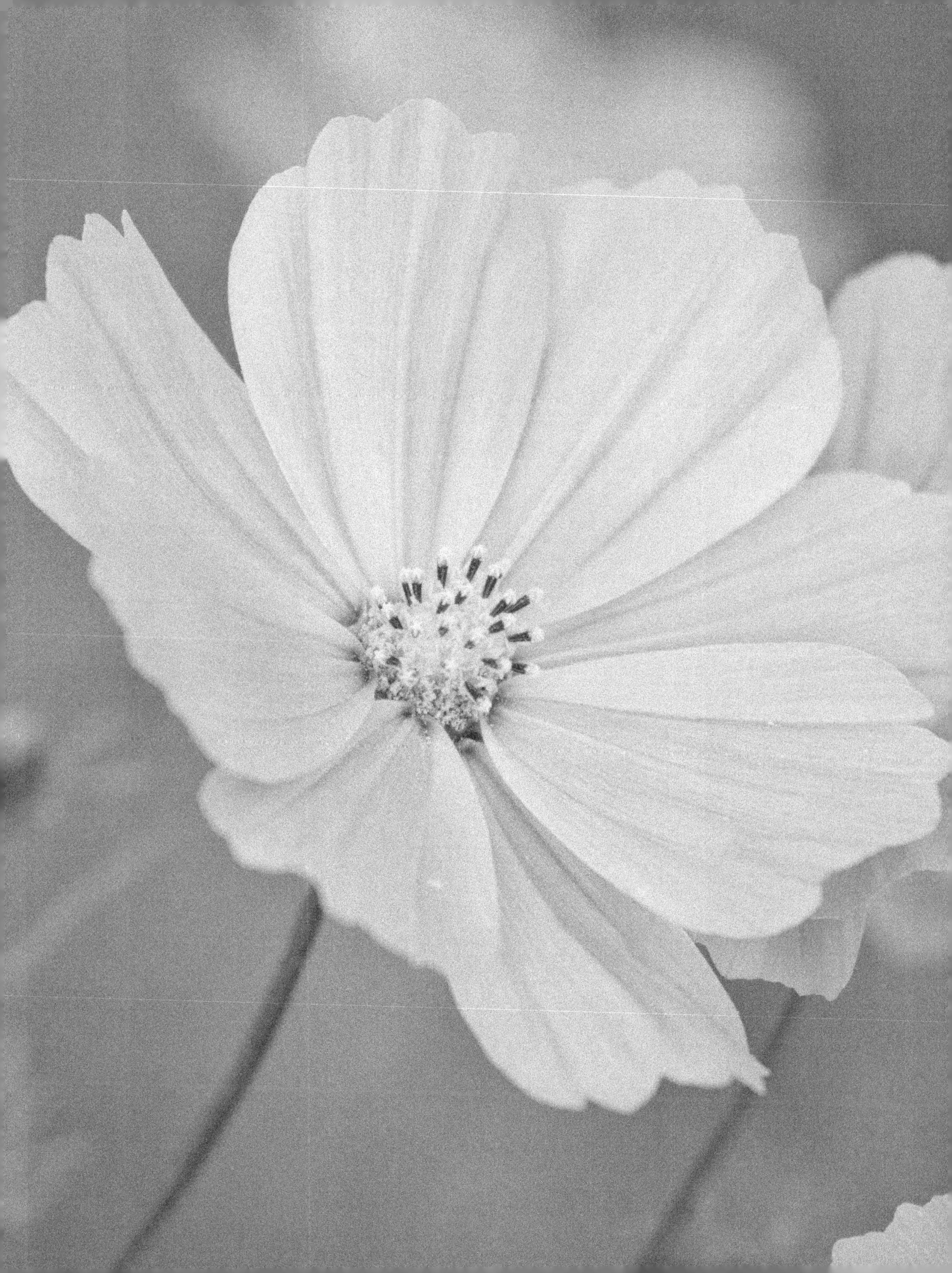

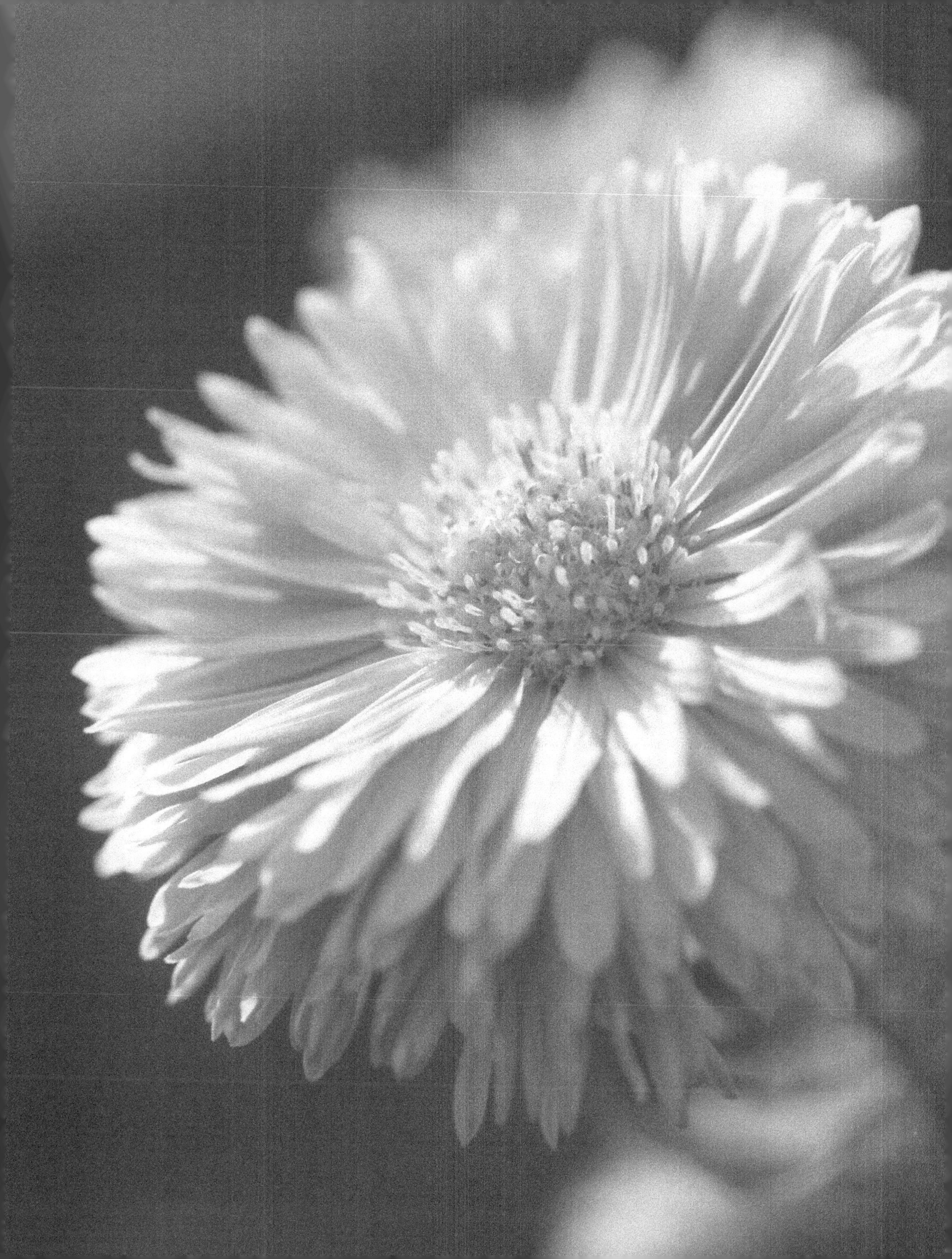